V&R

Kati Ahl

# Elterngespräche konstruktiv führen

Systemisches Handwerkszeug

2., erweiterte Auflage

Vandenhoeck & Ruprecht

Mit 14 Abbildungen und 5 Tabellen

Bibliografische Information der Deutschen Nationalbibliothek:
Die Deutsche Nationalbibliothek verzeichnet diese Publikation in der
Deutschen Nationalbibliografie; detaillierte bibliografische Daten sind
im Internet über https://dnb.de abrufbar.

Umschlagabbildung: © cosma – www.shutterstock.com

Satz: SchwabScantechnik, Göttingen
Druck und Bindung: Beltz Grafische Betriebe GmbH, Bad Langensalza
Printed in the EU

Vandenhoeck & Ruprecht Verlage | www.vandenhoeck-ruprecht-verlage.com
E-Mail: info@v-r.de

ISBN 978-3-525-70335-9

# Inhalt

## Teil D  Übungen

# Vorwort

Gespräche um heikle Themen sind, auch zwischen Eltern und pädagogischen Fachkräften, nicht immer ganz einfach; gerade, wenn beide Seiten beherzt und engagiert ans Werk gehen. Und es geht im Kontext Schule und Kita um viel, das kann schon mal stressig werden. Dass es gelingen kann, und wie es noch besser gelingen könnte, das zeigt das vorliegende Buch. Es ist ein besonderes Buch, denn hier schreibt eine Praktikerin, die tagtäglich mit den Themen konfrontiert ist, und die genau sehen kann, was in der Praxis funktioniert und was man besser lassen sollte.

Immer wieder kommen in systemische Weiterbildungen Kolleginnen aus dem Kontext Kita und Schule, um zu überprüfen, ob die im Beratungs- und Therapiefeld entstandenen Methoden systemischer Gesprächsführung auch in ihre Kontexte übertragbar sind. Die Autorin, Schulleiterin an einer Frankfurter Schule, fand offensichtlich vieles aus dem systemischen Arbeitsansatz nützlich, verknüpfte es mit ihrer jahrzehntelangen Erfahrung und zahlreichen anderen pädagogischen und psychologischen Konzepten. Daraus entwickelte sie ihren eigenen Stil, immer geleitet von der Frage, was führt zum Erfolg und zu guten Ergebnissen, in der Klasse wie in Elterngesprächen oder im Kollegium. Davon, kurzgefasst, handelt dieses Buch.

Systemisches in der Schule anzuwenden, das ist keine Selbstverständlichkeit. Auch wenn es viele Konzepte systemischer Pädagogik gibt, Institute, Hochschulen und Verbände sich des Themas angenommen haben und viele engagierte Erzieherinnen und Lehrerinnen ähnliche Wege beschritten haben. Denn manche der systemischen Grundideen können für Lehrer, und nicht nur für Sie, etwas Provokatives oder schwer Verdauliches haben: zum Beispiel die Ideen, dass Fehler und Probleme Sinn machen; dass die Unterscheidung »richtig – falsch« in manchen Situationen eher hinderlich als förderlich ist;

dass man mehr auf die Ressourcen als auf die Defizite schauen sollte. Aber wenn man diese Ideen und das dazugehörige Handlungsrepertoire nicht als Alternative im Sinne eines Entweder-oder, sondern im Sinne einer Ergänzung begreift, kann systemische Gesprächsführung das pädagogische Handeln bereichern. Sie kann Beziehungen verbessern, Zugänge ermöglichen, schwierige Gespräche einfacher machen.

Das vorliegende Buch möchte die Akteure in den Einrichtungen in ihrer zeitweise herausfordernden Arbeit unterstützen. Der Schwerpunkt liegt auf den alltäglichen Anforderungen, denen pädagogische Kräfte sich stellen müssen, das Buch möchte weniger theoretische Abhandlungen oder distanzierte Reflexionen anbieten, sondern es ist ein Buch einer Praktikerin für die Praxis. Theoretische Fundierungen systemischer Schulpraxis liegen bereits vor, aber beim Transfer in konkretes pädagogisches Handeln bleibt vieles offen. Und hier liefert Kati Ahl ohne Scheu vor heißen Themen viele wertvolle Fingerzeige und Methoden, die direkt in den schulischen Alltag übersetzt werden können.

Übersetzung ist vielleicht ein Stichwort, ein Schlüsselbegriff für das Vorhaben: zum einen werden die Methoden systemischer Gesprächsführung in den schulischen Alltag übersetzt. Und zum anderen ist jedes Gespräch, jedes Aushandeln mit Eltern, mit Kindern immer wieder auch eine Übersetzungsleistung. Unterschiedliche Kulturen treffen zusammen (nicht nur nationale Kulturen), unterschiedliche Wünsche, Absichten, Weltbilder Einschätzungen, Interessen, wollen abgewogen sein, um gute Lösungen zu erfinden.

Und da geht es weniger darum, die Grenze zwischen richtig und falsch klar zu ziehen, ein Entweder-Oder zu definieren, Widerstände zu durchbrechen, um das eigene durchzusetzen. Sondern es geht – wo immer möglich – um die Erhaltung und Pflege einer guten Kooperation, es geht ums Zuhören und Brückenbauen. Es geht darum, das Gegenüber zum Mitwirken einzuladen. Das als Kuschel-Strategie zu verstehen, wäre wirklich ein missverstehen. Oft müssen in schwierigen Gesprächen notwendige Regeln und Vorgaben erklärt und durchgesetzt werden, wie viele Beispiele der Autorin zeigen. Dabei die zukünftige Zusammenarbeit im Blick zu haben, möglichst keine Feindschaften zu begründen, sondern Akzeptanz und Mitwirkung aufzubauen, geht das? Lesen sie dieses Buch!

Das fängt schon beim Einstieg in ein Gespräch an, wovon im zweiten Kapitel die Rede ist (nach einer kurzen Einführung in systemische Grundbegriffe und Fragen der pädagogischen Haltung). Schule weckt bei vielen, auch bei vielen Eltern von Schülern nicht immer nur positive Assoziationen. So trifft ein Brief, ein Anruf aus der Schule mit der Bitte »Wir sollten reden …« auf die Folien eigener Erfahrung. Die Einladung kann noch so freundlich gemeint oder formuliert sein, die Botschaft entsteht bekanntlich beim Empfänger. Lehrer können sich das Leben etwas erleichtern, wenn sie für solche Situationen einige Techniken aus dem Handwerk des Brückenbauens beherrschen; Systemikerinnen nennen das: Joining. Es geht darum, das Gegenüber aus einer vorsichtigen, skeptischen, vielleicht sogar ablehnenden Haltung zur Kooperation einzuladen. Wenn das schwierig wird, behilft man sich häufig damit, den anderen für schwierig oder unwillig, zu erklären, was dann allerdings meistens beide Seiten tun. Das ist menschlich verständlich, nur eben fürchterlich ineffektiv und zeitraubend. Und es trägt eher zur Chronifizierung von Konflikten und schwierigen Verläufen bei als zur Lösung.

Apropos Zeit: Wir hören immer wieder den Einwand, für eine gründliche Vorbereitung bestehe keine Zeit. In der Praxis zeigt sich aber, dass Eskalationen in schlecht vorbereiteten Gesprächen Probleme nach sich ziehen, die in der Folge sehr viel mehr Zeit beanspruchen als die gute Vorbereitung. Das gilt für Elterngespräche genauso wie beim Arzt oder Rechtsanwalt, in der Beratung und in der Therapie.

In den weiteren Kapiteln wird anhand von Beispielen ein konkreter Leitfaden für Gespräche entwickelt, der Orientierung gibt. Dabei werden immer wieder Checklisten, konkrete Formulierungen und auch Anregungen zur Selbstreflexion angeboten, ein Strukturelement, das sich durch das ganze Buch zieht.

Nachdem die grundlegenden Prinzipien und Methoden dargestellt sind, sind die Voraussetzungen geschaffen, um sich von der flachen Piste auf die etwas steileren zu wagen: die nächsten Kapitel handeln von »mittelschweren Gesprächen«. Eine Vielzahl konkreter Methoden werden beschrieben, von eher kognitiven Fragetechniken bis hin zu Visualisierungsmethoden. Auch Methoden, die

zum Aufstehen einladen, um sich gemeinsam einen Sachverhalt im
Raum zu erschließen, finden sich hier. Das klingt ungewöhnlich,
hat sich in der Praxis der Autorin jedoch sehr bewährt. »Bewegung
ins Gespräch bringen«, »Perspektivwechsel anregen«, das sind nicht
zufällig Metaphern, die ihren Ursprung im motorischen und visu-
ellen haben.

Ein besonderes Qualitätsmerkmal sind die vielen ganz konkreten Formulierungsvorschläge, die helfen, Alternativen zu den eigenen Gesprächsgewohnheiten zu erkunden. Dabei geht es nie um
banale Rezepte, sondern um Anregung zum eigenen Ausprobieren.
Durch das ganze Buch zieht sich auch die Mahnung, dass Methoden
ohne eine entsprechende innere Haltung nicht funktionieren, Fragen ohne menschliches Interesse und wohlwollende Neugier kalt
wirken und ihr Ziel verfehlen. Und ein Drittes ist wichtig: Die Beto-
nung auf Fragen zeigt, dass hier ein anderer Weg beschritten wird:
Eltern, Kinder sollen nicht belehrt werden, sondern durch »Fragen
statt Sagen« angeregt werden, die Situation von verschiedenen Seiten anzuschauen und an der Problemlösung durch eigene Ideen mit-
zuwirken.

Im Teil C kommt dann die schwarze Piste zur Sprache. (Für
Nicht-Skifahrer: das sind die Pisten, die einem am Anfang als schiere
Abgründe vorkommen). Das ist ein sehr ausführlicher Teil, denn
diese Situationen beinhalten das größte Stresspotenzial: Und Stress
führt bekanntlich dazu, dass unsere mentale und soziale Effizienz
drastisch reduziert wird. In diesen Kapiteln lässt die Autorin nichts
aus, was im schulischen Alltag vorkommen kann und Kopfschmer-
zen verursacht: Schwierige Gegenüber, Konfliktgespräche, Kritikgespräche, kooperationsunwillige Eltern, Eskalationen, Krisen bis
hin zur Frage: »Was tun, wenn nichts mehr geht?« Auch hier zeigen
viele ganz konkrete Fallbeispiele, was möglich ist.

Nach diesem Ausflug in die Rüttelstrecken pädagogischer Praxis
endet das Buch mit einer stimmungsaufhellenden Darstellung von
Marte Meo, einem sehr positiven ressourcenorientierten Ansatz der
Holländerin Maria Aarts, der weltweit im Bereich der Pädagogik
großen Anklang findet. Die Autorin ist in diesem Ansatz ausgebil-
det und überträgt die videobasierte Methode in ihren schulischen
Alltag, sie zeigt, wie dadurch der Blick auf Ressourcen gestärkt wer-

den kann und viele Widerstände erst gar nicht entstehen oder leicht aufgelöst werden können.

Zum Schluss: Viele neue Ansätze kommen mit übertriebenen Versprechen daher, da machte der systemische Ansatz in den ersten Jahren seiner Entwicklung keine Ausnahme. Davor sei gewarnt. Keine noch so gute Gesprächsführung macht aus einem sibirischen Tiger eine schnurrende Stubenkatze. Aber auch hier zeigt wieder die Erfahrung in der Praxis, dass durch kluge Gesprächsführung, die auf Ressourcen aufbaut und auf Lösungen orientiert, Bewegung in viele scheinbar hoffnungslose oder verfahrene Situationen kommt. Es gibt auch bei der systemischen Gesprächsführung keine Lösungsgarantie. Aber die Erfolgswahrscheinlichkeit erhöht sich drastisch.

Eine gute Gesprächsführung, die zur Kooperation einlädt, ist eine handwerkliche Kunst. Es gibt einige Naturtalente, jedoch für die meisten von uns führt der Weg zum Erfolg durch fleißiges Üben, mit etlichen Berg- und Talerlebnissen. Wer sich da auf dem Weg befindet, oder auf den Weg machen will, für den bietet diese Büchlein eine exzellente Landkarte und Orientierung.

Es gibt inzwischen etliche Publikationen zur Umsetzung systemischer Ansätze in der Schule. Dieses Buch von Kati Ahl hebt sich durch Praxisnähe und konkrete Detailbeschreibung hervor, und ich wünsche Ihnen als Leserin und Leser, dass Sie Nutzen daraus ziehen, dass Ihre Arbeit in vielen Bereichen etwas leichter und freudvoller wird. Die pädagogische und psychologische Forschung hat hinreichend dargelegt, dass Lernen dann am besten gelingt, wenn es in einem guten Beziehungs-Ambiente stattfindet, das Neugier und Freude am Lernen fördert und Angst in positive Aufregung oder Lampenfieber wandelt. Wenn dieses Buch dazu beiträgt, dass in der Klasse, im Elterngespräch und in fordernden Situationen bei allen Beteiligten Kompetenz- und Erfolgserlebnisse überwiegen, dann hat es sein Ziel erreicht.

*Rainer Schwing*

# Einleitung

Das vorliegende Buch »Elterngespräche konstruktiv führen« wendet sich an Lehrkräfte, Erzieher[1] sowie Interessierte. Es handelt sich um einen Praxisleitfaden, der einlädt, Elterngespräche neu zu betrachten. Dabei können pädagogische Fachkräfte ihre konkrete Handlungskompetenz mit systemischem Handwerkszeug erweitern. Wie lassen sich zahlreiche Gespräche – auch schwierigen Inhalts – durchführen? Wie lassen sich auch Konflikte konstruktiv nutzen und Eskalationen vermeiden? Wie findet man anschließend zurück zur Kooperation?

Der erste Teil dieses Buches (A) beschäftigt sich mit einfachen Gesprächsvorbereitungen. Sie können gleich beginnen, einzelne Elemente anwenden und Ihre Gespräche anreichern. Der Teil B entspricht in den dargelegten Situationen einem mittleren Schwierigkeitsgrad mit neuen Methoden, die nach etwas Übung gelingen und Ihnen für komplexere Gesprächssituationen helfen. Der dritte Teil (C) behandelt schwierige Gesprächssituationen, Konflikt- und Krisengespräche sowie diverse »Sonderfälle« zur Erlangung echter Könnerschaft; von diesem Kapitel profitieren auch bereits kompetente Moderierende. So können Sie sich mit Hilfe des Buches schrittweise zum Profi für Elterngespräche entwickeln! Wenn Sie möchten, nutzen Sie dazu die in Teil D angebotenen und kleineren, über das Buch verteilten Übungen. Am Ende des Buches finden Sie außerdem die Zugangsdaten zum umfangreichen Downloadmaterial, das diverse Checklisten, Protokollvorlagen, Fragekarten und Selbsteinschätzungsbögen umfasst.

---

[1] Ich schließe mich der guten Tradition von v. Schlippe und Schwing an und verwende zur besseren Lesbarkeit abwechselnd die männliche und weibliche Form.

Zur besseren Orientierung sind Kapitel, zu denen Sie in Teil D
Übungen oder im Downloadmaterial weitere Unterlagen finden, wie
folgt markiert:

✋ Hinweis auf Übungen in Teil D

⬇ Hinweis auf Materialien zum Download

Ausgehend von einer guten Vorbereitung und der Bedeutung einer
wertschätzenden Grundhaltung wird aufgezeigt, wie Pädagogen zu
einer guten Kooperation einladen und diese stabilisieren können.
Das führt zu besseren Ergebnissen in den Gesprächen und erleichtert Folgegespräche zu möglicherweise heikleren Themen. Konflikte
werden dadurch seltener auftreten und die verschiedenen Perspektiven von Eltern und Schul- oder Kita-Seite können als Bereicherung
erfahren werden.

Eltern kennen ihr Kind von Geburt an, begleiten es und erleben
es in Alltagssituationen, die Pädagoginnen nicht erleben. Ihre Erfahrung mit dem Kind muss gewürdigt werden, u. a. durch eine Haltung
wie: »Sie kennen ihr Kind am besten!« So lässt sich mit den Eltern
ein Arbeitsbündnis im Interesse des Kindes schließen. Eltern haben
gleichzeitig eigene Erfahrungen mit Schule, die ebenso den Blick auf
den Schulbesuch des Kindes prägen.

Der pädagogische Alltag dagegen bringt eine andere Sicht auf das
Kind mit sich. Diese Erfahrungen sollten gleichermaßen berücksichtigt werden. Beide Seiten verbindet das Interesse am Wohlerge-
hen des Kindes!

Aktuell gibt es viel Kritik am Bildungssystem sowie stark diver-
gierende Erziehungsvorstellungen – und auch pädagogische Kräfte
beurteilen die zunehmende Beschwerde-Mentalität von Eltern als
Herausforderung.

Wie also bei dieser kollektiven Verhärtung zu einem kooperati-
ven Kommunikationsstil finden? Wie können Elterngespräche und
Runde Tische trotzdem gelingen? Was hilft im Fall von Konflikt-
oder Krisengesprächen?

Hier hilft der systemische Methodenkoffer, den Blick wieder zu
öffnen und auch bei Problemen das kreative Potenzial einer Situation

auszuschöpfen. Allerdings legt das Bild eines Methodenkoffers die
Assoziation nahe, eine Gesprächssituation sei eine technische Angelegenheit, die mit Werkzeugen zu reparieren wäre. Auch möchte ich
das vorliegende Buch nicht als Sammelsurium und Methoden-Mix
verstanden wissen, der durchdekliniert werden soll. Stattdessen ist
mir das gemeinsame Ziel in den Gesprächen am wichtigsten und
ich biete die Methoden lediglich als Mittel an, aus denen Sie intuitiv
wählen können, was für Sie und die Situation passt. Ich wähle für die
Kooperation mit den Eltern auch gerne ein Bild aus der Botanik: Sie
ist wie eine Pflanze, die guten Nährboden und regelmäßige Pflege
braucht, um zu gedeihen. Dazu kann im Notfall auch mal die Gar-
tenschere gehören, wenn die Pflanze zu stark wuchert.

In der Recherche zu diesem Buch fand ich in der Fachliteratur
häufig den Grundtenor »Der Lehrer soll sich verändern«. Insbesondere die Fachlektüre von Omer (2016), J. Aarts (2007) sowie Hubrig
und Herrmann (2005) lehrt uns, im Konfliktfall weniger die Schülerin oder das Kind verändern zu wollen, sondern tatsächlich bei
sich anzusetzen und die Perspektive auf das Problem zu ändern.
Das klingt provokativ. Und doch wandeln sich die Aufgaben in den
pädagogischen Berufen sehr stark; dazu trägt auch die Wandlung
des Autoritätsbegriffes bei. Es wird also notwendig, auch das bisherige Verständnis der eigenen Rolle zu erweitern: Vangrieken, Raes,
Dochy und Kyndt (2015) fanden in einer Studie heraus, dass Lehrkräfte zukünftig nur noch dann erfolgreich unterrichten und ihre
zunehmenden Aufgaben bewältigen können, wenn sie in besonderem Maße kooperieren. »Not collaborating is no longer an option«
(S. 36). Ich möchte diese Formel auf die Elternarbeit erweitern. Auch
hier ist für die pädagogische Arbeit der Zukunft die Kooperation mit
den Eltern unumgänglich. Und das insbesondere, da die pädagogischen Herausforderungen mit den sich wandelnden Kindheitsbedin-
gungen und anderen gesellschaftlichen Veränderungen stetig wachsen. Als besonderen Zugang zu diesen Herausforderungen stelle ich
neben dem systemischen Ansatz daher den Begriff der neuen Autorität von Omer und die Marte Meo-Methode vor, die Entwicklungs-
fortschritte von Kindern im Video festhält. Diese Bilder entfalten –
richtig genutzt – eine positive Kraft in Elterngesprächen! Sie laden
Eltern ein und legen einen Fokus auf die positiven Entwicklungs-

chancen. Das ermutigt Eltern in besonderer Weise und kann Eltern-gesprächen eine ganz neue Richtung geben und positive Impulse liefern. So gelangen die Beteiligten zunehmend weg vom defizitären Blick hin zu einem wertschätzenden und förderlichen Ansatz. Das ist viel erfolgversprechender – auch für das Kind.

Denn eines haben alle Beteiligten gemeinsam: Sie wollen das Beste für das Kind! Diese Kraft können wir für Gespräche nutzen!

Dazu gehört die respektvolle Grundhaltung und die gute Absicht für das Gespräch sowie die gute Verbindung – zu sich selbst und zu dem Gegenüber im Gespräch. Ich wünsche Ihnen, dass Sie Anregungen und klare Anleitung finden, wenn Sie einen neuen Zugang benötigen oder eine neue Methode erlernen wollen, weil Sie spüren, dass man es auch anders machen könnte. Dabei soll Ihnen dieses Buch helfen. Durch zahlreiche Fallbeispiele[2] profitieren Sie von meinen Erfahrungen – und auch von meinen eigenen Fehlern, denn nicht alles, was man neu ausprobiert, klappt auf Anhieb.

---

2    Alle Fallbeispiele sind anonymisiert und abgeändert.

# Teil A

Gesprächsführung
für den Einstieg

**TEIL A** In diesem Teil stelle ich Ihnen die Grundlagen für eine gute Gesprächsführung vor. Diese Kapitel sind besonders für Sie geeignet, wenn Sie als Berufsanfänger starten oder Sie sich über den systemischen Ansatz informieren wollen.

# 1 Haltung und Rolle

## 1.1 Der systemische Ansatz

Es existiert umfangreiche Literatur über den systemischen Grundgedanken in Gesprächen. Daher möchte ich hier nur eine kurze Einführung zum besseren Verständnis geben.

Der systemische Ansatz bietet im Rahmen therapeutischer und psychologischer Handlungen eine besondere Perspektive. Viele Ansätze und Methoden sind mittlerweile in der Literatur zu finden. Dieser Blickwinkel hilft in zahlreichen Settings wie Coaching, Beratung und Supervision durch eine sehr wertschätzende Perspektive auf Klienten und ihre eigene Wahrheit. Für meine Praxis habe ich im Rahmen einer systemischen Weiterbildung zahlreiche Werkzeuge gefunden und meine Sichtweise immer wieder hinterfragt. Ich fühle mich dabei keiner bestimmten Richtung verpflichtet, sondern wähle aus, was nach meiner Erfahrung gut wirkt. Wesentlich beeinflusst haben mich dabei das Verständnis vom System, der konstruktivistische Grundgedanke und die Reflexion meiner Haltung und meiner Methoden. Auf diese Aspekte möchte ich näher eingehen.

### 1.1.1 Das System

Wenn in einem pädagogischen Kontext Gespräche über ein Kind geführt werden, sind immer mehr als zwei Personen beteiligt und wirken auf das Geschehen ein. Folgende Fragen können das schnell veranschaulichen:

- ✔ *Wie steht das Kind selbst oder der nicht anwesende Elternteil zum Thema?*
- ✔ *Gibt es neue gesetzliche Verordnungen oder Grundlagen dazu?*

✔ *Welche Sichtweise hat der Kinderarzt, Kollege aus der Betreuung, die Sozialpädagogin?*
✔ *Was würden Kolleginnen oder die Leitung dazu sagen?*

Nach Steve de Shazer (1998) bedeutet das, dass jede Veränderung im System auch auf alle anderen Teile wirkt: »Eine Veränderung in einem Teil des Systems beeinflusste notwendigerweise das ganze System« (S. 40). Man kann sich das System im pädagogischen Kontext vorstellen wie einen Haufen Mikadostäbchen oder wie ein großes Mobile. Sobald ein Teil bewegt wird oder sich verändert, bewegen sich auch die anderen Teile mit. Es gibt ständig Wechselwirkungen. Mit unserer Haltung als pädagogische Fachkräfte, mit unseren Sichtweisen und Interventionen sind wir also immer gleichzeitig Teil des Ganzen, manchmal dadurch aber auch Teil des Problems. Diese Sichtweise erläutert, warum wir bei aller Professionalität nie wirklich neutral sein können. Wir befinden uns nicht außerhalb des Kontextes, sondern mittendrin. Es ist aber auch ein Verweis darauf, Menschen und Situationen im gesamten Kontext zu betrachten. Keine Handlung oder Aussage steht für sich alleine. Sie muss im Gesamtkontext gehört und gedeutet werden. Auch den Lebenskontext eines Menschen kann man hier als System verstehen.

Frau Ionescu brachte ihre Tochter Despina regelmäßig zu spät in die Schule. Von der Lehrerin Frau Jung befragt, warum sie immer zu spät komme, erklärte sie, dass sie mit ihren Kindern gegen 23 Uhr ins Bett ginge und alle einfach morgens dann zu müde seien. Sie würden den Wecker nicht hören und könnten deshalb nicht früher zur Schule kommen. Frau Jung war besorgt, dass Despina zu spät ins Bett ginge und das schädlich sei. Frau Ionescu erklärte ihr, dass das in ihrem Dorf in Rumänien normal ist. Dort waren sie gerade während der Ferien. Alle Kinder seien lange wach. Sie waren bei ihrer Familie und hätten keinen Schaden dadurch genommen. Sie selbst ist als Kind nicht in die Schule gegangen, weil sie früh arbeiten musste. Das Problem sei die strenge deutsche Schule!

Zum System im Fall von Elterngesprächen sollten sie die Personen mitzählen, die im betreffenden Fall relevant sind und direkt oder indirekten Einfluss haben. Das hat Auswirkungen auf eine gute Vorbereitung. Bedenken Sie die unterschiedlichen Positionen im System mit. Machen Sie sich ihren eigenen Standpunkt in der Gesamtkonstellation klar. Am besten geht dies durch eine Zeichnung oder kleine Aufstellungen mit Stellvertretern oder Materialien. Systemiker arbeiten hier gerne mit einem Genogramm. Dazu finden Sie mehr in der Fachliteratur. Für den Anfang mag eine einfache Skizze reichen.

●▶ Übung Zeichnen Sie vor dem nächsten Gespräch alle Beteiligten und ihre Beziehungen, die aus Ihrer Sicht für die jetzige Situation zum System gehören. Zeichnen Sie so, dass die Haltung zueinander, Gefühle und Anliegen deutlich werden – auch Ihre eigenen.

### 1.1.2 Der konstruktivistische Ansatz – to go

Was genau bedeutet dann der konstruktivistische Ansatz? Ich beziehe mich hier auf die Aussagen von Watzlawick (1969) und Glasersfeld (1992). Demnach ist der Konstruktivismus eine Erkenntnistheorie. Sie besagt, dass unsere Wahrnehmungen, unsere Begriffe und Theorien von der Welt geprägt werden und wir sie danach konstruieren. Maturana fasst das so zusammen: »Alles, was gesagt, wird, wird von einem Beobachter gesagt« (S. 25). Demnach richtet sich unsere Realität nach unserer individuellen Wahrnehmung. Sie ist damit weder richtig noch falsch, sondern individuell. Oder anders ausgedrückt: Jeder Mensch konstruiert seine eigene Wirklichkeit, geprägt von seinen eigenen Wahrnehmungen. Anders sah das noch Platon: Im häufig zitierten Höhlengleichnis sehen die Menschen in der Höhle nur die Schatten der realen Gegenstände und hören die Echos der realen Stimmen. Nach dieser Vorstellung gibt es eine Realität, eine Wahrheit, die wir – je nach Bildungs- und Entwicklungsstand – gleichermaßen verzerrt oder nahezu realistisch wahrnehmen.

Für den Alltag formuliert heißt das, die unterschiedlichen Perspektiven als Bereicherung und Ergänzung wertzuschätzen. Schließlich kennt nach diesem Ansatz keiner die endgültige Wahrheit – oder es gibt einfach unendlich viele Wahrheiten.

Frau Meister ist seit langer Zeit Erzieherin, aber so etwas hatte sie vorher noch nicht erlebt: Der einjährige Karlo geht nur barfuß. Die Eltern sind überzeugt, dass Barfußgehen gesundheits- und entwicklungsfördernd ist und ziehen ihm daher weder Strümpfe noch Schuhe an. Frau Meister lässt sich von den Eltern erklären, wie sie im Alltag damit umgehen und ist schließlich voller Neugier, wie sie diese Situation gemeinsam lösen werden.

## 1.2 Systemische Grundhaltungen

### 1.2.1 Prozessorientierung

Nach der Einführung in die systemischen Grundgedanken, möchte ich ebenso kompakt die elementaren systemischen Grundhaltungen erläutern. Sie sind hilfreich, um immer wieder kreative Ideen für herausfordernde Situationen und Lösungspotenzial für Konfliktsituationen zu entwickeln. In der Prozessorientierung betrachtet man alle Handlungsweisen als für den jeweiligen Menschen subjektiv sinnvoll. Es liegt also, für diese Person betrachtet, etwas Positives in seinem Verhalten. Um dieses Positive zu entdecken, werden feste Zuschreibungen durch Adjektive vermieden, in dem man Situationen und Zustände durchgängig mit Verben formuliert, also als etwas, das man tut, und nicht als etwas, wie man ist (vgl. Tabelle 1). Dieser Prozess wird Verflüssigung genannt, da Menschen weniger auf eine Eigenschaft oder eine Handlung festgelegt werden. Sie ist vielmehr ein Ausdruck seines Prozesses. Auch die Zeitdimension kann so beschrieben werden, dass Zustände nicht mehr statisch erscheinen. Die Beschreibung als ein wandlungsfähiger Prozess mit einem *Vorher-Nachher* eröffnet wieder neue Perspektiven.

Für Jonas sind Hausaufgaben eine große Herausforderung. Seine Eltern arbeiten täglich abends mit ihm daran. Er soll mit ihrer Hilfe fertigstellen, was er im Hort noch nicht erledigt hat. Das ist für beide Seiten sehr mühsam. Die Eltern beklagen sich bei der Klassenlehrerin Frau Wiese. »Jonas ist so faul! Er drückt sich und schummelt. Neulich hat er eine Seite aus dem Hausaufgaben-Heft ausgerissen.« Frau Wiese antwortet: »Sie meinen, im Moment wirkt Jonas unmotiviert? Er scheint mit den Hausaufgaben unter Druck geraten zu sein. Was hat ihn denn so angestrengt? Was kann ihn nun wieder ermutigen?«

Frau Wiese antwortet, indem sie Jonas' Verhalten beschreibt und die Festlegung als »faul« vermeidet. Dadurch kann sie besser den Blick auf mögliche Ursachen lenken.

**Tabelle 1:** Beispiel Verflüssigung

| Zuschreibung | Verflüssigung durch Verben |
|---|---|
| faul | kann noch nicht beginnen mit den Aufgaben, nimmt sich Zeit |

## 1.2.2 Kooperation und Wertschätzung

In der systemischen Beratung wird grundsätzlich eine kooperative Zusammenarbeit angestrebt. Dabei geht man davon aus, dass jede Person Experte für die eigene Lebenswelt ist und somit wichtig für die Lösungsfindung. Ratsuchende Menschen werden demnach nicht behandelt, sondern sind unersetzlich in ihrer Mitarbeit und mit ihren Ideen für Lösungen und tragen Verantwortung für das Gelingen. Dieser Ansatz unterscheidet sich maßgeblich von beispielsweise einer ärztlichen Behandlung, bei der Patienten behandelt werden und Ärzte Experten sind. Aus diesem Ansatz ergibt sich die Sichtweise, Beiträge im Gespräch als Kooperationsangebot zu werten, auch wenn Kritik oder negative Gefühle geäußert wurden.

Diese Sichtweise ist auch im pädagogischen Kontext hilfreich. Wenn Ansätze zur Weiterarbeit und Lösungen gemeinsam mit Eltern erarbeitet werden, haben sie wesentlich mehr Aussicht auf Erfolg! Das bedeutet für Pädagogen, die Lebenswelt der Eltern mit dem Kind ernst zu nehmen.

## 1.2.3 Neutralität und Neugier

Neutralität in einem Beratungsgespräch bedeutet, dass unterschiedliche Sichtweisen als gleichwertig behandelt werden. In der Schule ist es allerdings nahezu unmöglich, neutral zu bleiben. Man findet daher auch den Begriff der Allparteilichkeit, also vergleichbar einem Schiedsrichter, der dafür sorgt, dass beide Seiten zum Zug kommen.

Verschiedene Standpunkte oder Interpretationen können nebenein-
anderstehen. Allparteilichkeit bedeutet aber auch, allen Beteiligten
ähnlich viel Zeit oder Aufmerksamkeit zu widmen. Um neue Sichtweisen und Ideen zu entwickeln, ist es wichtig, dass die moderierende Person auch verschiedene Lösungsansätze akzeptiert.

Dieser Ansatz ist in pädagogischen Gesprächen besonders
schwierig umzusetzen. Meist gibt es keine neutrale Person, die moderiert. Elterngespräche werden in aller Regel von einem Pädagogen
geführt, der selbst einen Standpunkt, eine Einschätzung oder eine
Lösungsidee vertritt. Nur selten können wir wirklich dem Problem
gegenüber neutral sein. Umso wichtiger ist es daher, die eigene Position zu kennen und zwischen einer moderierenden Rolle und einem
eigenen Standpunkt im Gespräch wechseln zu können.

Hilfreich ist daher, anderen Sichtweisen offen und neugierig
gegenüberzutreten. Dabei gelten Fehler – eigene und andere – als
notwendiger Bestandteil von Lernprozessen. Unterschiede werden
respektiert, möglichst mit Neugier betrachtet und benannt.

## 1.2.4 Ressourcenorientierung

Defizite und Fehler sind vielfach das Hauptthema in Gesprächen
und auch im Denken. In der Fachsprache wird das häufig »Problemtrance« genannt. Dabei gerät leicht aus dem Blick, was alles
gut läuft, was das Kind schon gut kann oder was sich bereits verbessert hat. In der systemischen Denkweise wird der Fokus auf
Potenziale und Ressourcen gesetzt: auf die des Kindes, auf die der
Familie, und auf die Lösungsideen, die in der Situation stecken. Das
bedeutet für Gespräche, dass nach der Exploration des Themas über
Lösungen gesprochen wird, weniger über Probleme. Es sollte also
eine Balance hergestellt werden zwischen der Betrachtung des Problems und dem Nachdenken über eine Lösung. Dabei ist wichtig
zu beachten, was das Kind, die Eltern oder die Pädagogen tatsächlich leisten können.

> ✔ *Wer kann etwas zur Lösung beitragen?*
> ✔ *Wodurch lässt sich der Stress reduzieren?*
> ✔ *Was würde das Kind selbst gerne ändern?*

## 1.2.5 Lösungsorientierung

Bei einer Konzentration auf gute Lösungen soll nach dem systemischen Ansatz trotzdem das Problem gewürdigt werden. Denn jedes Verhalten hat für den betreffenden Menschen in einem bestimmten Kontext Sinn ergeben oder war nützlich. Schwing und Fryszer (2013) formulieren das mit »Lösungen sind wichtig – Probleme auch« (S. 170). Oft fühlen sich Menschen eher verstanden, wenn Probleme und die damit verbundenen Gefühle wahrgenommen werden. Erst danach ist es häufig möglich, zu eruieren, was verbessert werden kann. Für Elterngespräche bedeutet dies, die Schwierigkeiten im Sozialverhalten in der Gruppe beispielsweise, die mühsame Situation bei den Hausaufgaben oder die Befürchtung, dass das Kind in der Klasse nicht beliebt sei, zuerst deutlich auszusprechen. Danach sollte der Gesprächsfokus auf den Annahmen zu Ursachen und den ersten Lösungsideen liegen. Pädagogische Gespräche sind keine tiefergehenden therapeutischen Gespräche.

## 1.3 Eine systemische Haltung in Elterngesprächen

Nach diesem theoretischen Vorspann möchte ich die Bedeutung für alltägliche Elterngespräche zusammenfassen, so wie ich sie erfahren habe und aktuell nutze.

Eltern und pädagogische Fachkräfte sitzen im selben Boot. Sie haben einen professionellen oder einen moralischen Auftrag, das Kind in seiner Entwicklung zu unterstützen. Im Fall der Schule ist dieser Auftrag sogar gesetzlich verankert. Damit bekommen Eltern manchmal Unterstützer, manchmal aber auch ungefragt Partner in der Erziehung an ihre Seite gestellt. Die unterschiedlichen Rollen bringen unterschiedliche Sichtweisen auf das Kind. Eltern haben zuerst die Aufgabe, ihr Kind anzunehmen und zu lieben. Pädagogische Kräfte sehen ihren Schwerpunkt oft in der Förderung und Unterstützung beim Erwerb von Fähigkeiten und Kompetenzen. Und so findet sich das auch in den Richtlinien der Institutionen wieder. Das klingt konträr. Im Alltag gelingen jedoch die Mehrzahl der Gespräche gut! Gute Voraussetzungen dafür sind gegeben, wenn beide Seiten sich, wie zuvor beschrieben, wertschätzend und interessiert begegnen. Eltern haben dies nicht zwangsläufig erlernt,

sie kommen häufig aus anderen Arbeitsfeldern. Beim Geburts-
vorbereitungskurs lernt man schließlich noch nicht, wie man dem
Erzieher und der Lehrerin am besten begegnen sollte. Einen Eltern-
führerschein gibt es nicht. Pädagogen dagegen haben Gesprächsführung, Beratung und Elternarbeit gelernt – oder sollten sich darin
fortbilden. In den letzten Jahren und Jahrzehnten wurde der Begriff
der »veränderten Kindheit« geprägt. Auch die Elternschaft hat sich
stark verändert. Kulturelle, soziale und sprachliche Unterschiede
spielen heute eine größere Rolle in der Elternarbeit als früher. Es ist
nach meiner Erfahrung daher heute mehr Geschick und Methoden-
kenntnis erforderlich als früher!

## 1.4  Begriffsklärung »Beratung«

Im Begriff »Beratung« steckt schon das Wort Rat und raten. Je nachdem, ob man zu einer juristischen Beratung, einer ärztlichen Beratung oder einer psychologischen Beratung geht, wird die Sitzung
ganz unterschiedlich ablaufen. Der amerikanische Psychologe Carl
Rogers hat in den 1940er-Jahren ein Beratungsmodell geprägt, in
dem Maßnahmen gemeinsam erarbeitet werden und beide Sichtweisen einen wichtigen Stellenwert haben. Dazu gehört, dass beide
Seiten sich auf Augenhöhe begegnen.

Nach Watzlawick (1969) sind Kommunikationsabläufe im zwi-
schenmenschlichen Bereich entweder symmetrisch oder komplementär. Wenn beide Partner davon ausgehen, dass sie in einem ebenbür-
tigen Verhältnis zueinanderstehen, zeigt sich dies in ihrem Verhalten.
Beispielsweise sprechen beide ungefähr gleich viel, geraten aber auch
sehr schnell in Konkurrenz. In einer komplementären Kommunikation ergänzen sich die Verhaltensweisen der beiden Partner, wie beispielsweise ein Ratsuchender und eine Expertin, ein Gastgeber und
sein Gast oder ein Tröstender und ein Trostsuchender (S. 51).

Das bedeutet für eine Beratungssituation, dass der Berater zwar
einen Vorsprung im Fachwissen haben kann, aber auf der Beziehungsebene gleichwertig ist. Pädagoginnen werden häufig um Rat gefragt
und sehen sich selbst teilweise auch als Expertinnen, die Ratschläge
erteilen. Neu wäre hier der Gedanke, dass man sich miteinander berät
und sich ergänzt.

Das pädagogische Expertenwissen und teilweise auch institutionelle Aufträge erschweren eine auf Kooperation und Vertrauen angelegte Kommunikation. Daher ist es für eine professionelle Gesprächsführung wichtig, dass zuerst Achtung und Vertrauen aufgebaut werden, bevor Informationen gut angenommen und Themen geklärt werden können. Watzlawick (1969) formuliert die Regel: »Jede Kommunikation hat einen Inhalts- und einen Beziehungsaspekt, derart, dass letzterer den ersten bestimmt, daher ein übergeordneter Aspekt ist« (S. 99).

Eine Atmosphäre, in der Eltern für eine Mitarbeit gewonnen werden können, kann nach meiner Erfahrung nur durch einen wertschätzenden Ausdruck von Perspektiven und in einem möglichst angstfreien Gespräch gelingen. Schlippe und Schweitzer (2016) sprechen von der systemischen Beratung auch als »Ermöglichungsarbeit« (S. 202). Vielleicht kennen die Eltern aus eigener Erfahrung noch Zeiten, in denen Schüler geschlagen oder in die Ecke gestellt wurden. Vielleicht haben sie eigene Erinnerungen an autoritäre Lehrkräfte oder ungute Gefühle im Zusammenhang mit pädagogischen Fachkräften. Ihre eigenen Erfahrungen werden ihr Verhältnis zur Schule heute mitbestimmen. Bedenken Sie auch: Pädagogen führen öfters solche Gespräche, für Eltern sind sie selten.

Eine pädagogische Beratung steht damit im Spannungsfeld zwischen der Bedeutung von einer vertrauensvollen Zusammenarbeit und Vorgaben (Bewertung, Überprüfung, Benotung). Sie sollten daher die Chancen, die der systemische Ansatz für Gespräche bietet, kennen und nutzen.

## 1.5 Rollen der pädagogischen Kraft in Kita und Schule

In die Kita schicken Eltern ihr Kind freiwillig. Dort ist der Rahmen familiär, die Erzieherin wird meist geduzt. Körperkontakt und eine enge Beziehung zum Kind sind die Regel. All das schafft einen anderen Rahmen für Gespräche. Meist sehen die Eltern die pädagogischen Kräfte einer Kita täglich und haben daher oft Vertrauen in sie. Die Fortschritte eines Kindes, die viele Erzieherinnen liebevoll in einem Portfolio oder Lernentwicklungsbogen dokumentieren, werden weniger kritisch betrachtet als beispielsweise der Lernprozess in der Rechtschreibung. Die Rolle der Erzieher ist die einer Begleitung für das Kind und manchmal auch die der Familie. Um im systemischen Fachjargon zu sprechen, ist die Rolle des *Facilitators* (etwa: verständnisvoller Zuhörer) ausgeprägt, die des *Evaluators* (Person, die Feedback gibt, aber auch bewertet) ist weniger stark ausgeprägt.

Das ändert sich im Übergang in die Schule. Dort herrscht Schulpflicht. Die Schule hat einen gesetzlich verankerten Bildungs- und Erziehungsauftrag. Eltern bekommen also eine zweite Instanz an die Seite gestellt. Neben der pädagogischen Arbeit bewertet diese Instanz ihr Kind, Noten und Zeugnisse kommen ins Spiel. Die Rolle des *Evaluators* bekommt mehr Gewicht! Daraus folgt, dass Lehrkräfte sich das gute Verhältnis zu Eltern und deren Vertrauen erst erarbeiten. Es ist wichtig, Eltern nicht zum Gespräch zu zitieren, sondern sie einzuladen – als gleichwertige Partner im Erziehungsprozess (vgl. Eltern-Einladungsprogramm Marte Meo).

Nur am Rand erwähnt werden soll hier, dass Betreuende beispielsweise am Nachmittag im Hort oder der Ganztagsschule wieder eine deutlich andere Perspektive erleben und Kinder in einem offeneren Rahmen auch anders wahrnehmen. Sie nehmen damit auch wieder andere Rollen in Gesprächen ein. Besonders unterscheidet sich die Rolle bei der Betreuung der U3, also der Kinder unter drei Jahren. Hier ist die Kommunikation mit den Eltern gleichzeitig auch Übersetzungsleistung, da die Kinder selbst Sachverhalte noch nicht so klar kommunizieren können. Dazu kommt, dass die Kita die erste Einrichtung ist, in die die Eltern ihr Kind abgegeben. Vertrauen ist dafür unabdingbare Voraussetzung.

## 1.6  Professionelle Distanz

Neben der wertschätzenden und empathischen Haltung Eltern gegenüber ist aber gleichzeitig auch professionelle Distanz gefragt. Ist das Vertrauen erst einmal gewonnen, wenden sich Eltern oft an pädagogische Kräfte mit Sorgen und Klagen oder vertrauensvollen Informationen. Hier ist es wichtig, sich auf die eigene Profession und die dazugehörigen Kompetenzen zu fokussieren und zu erkennen, wann eine andere Profession erforderlich ist, wie zum

Beispiel therapeutische Hilfe oder Familienhilfe. Insbesondere als Berufsanfänger ist es oft verlockend, Aufträge anzunehmen, die pädagogisch nicht mehr lösbar sind (etwa Klagen über den Partner, traumatische Erlebnisse aus der Vergangenheit, persönliche Probleme). Es braucht professionelle Distanz, um zu erkennen, was als pädagogische Fachkraft nicht zu leisten ist. Vorsicht ist auch vor der emotionalen Verstrickung in Fällen von »großen Dramen« geboten (→ Kapitel 11.2).

Zur professionellen Distanz zählt auch, von persönlichen Themen, wie etwa den eigenen Kindern, nur sparsam zu berichten. Die Botschaft sollte nicht lauten: »Machen Sie es doch wie ich! Ich löse dieses Problem zu Hause so!« Die Lösung liegt in der betreffenden Familie selbst und muss später ja dort funktionieren. Das Gespräch kann nicht von Gleich zu Gleich geführt werden, sondern sollte die verschiedenen Perspektiven von Fachkraft und Elternseite achten. Dazu zählt auch, dass Freundschaftsangebote in die Zeit verlegt werden, in der das Kind die Einrichtung bereits verlassen hat.

Frau Schulz ist selbst Lehrerin. Nun wird ihre Tochter Eva eingeschult. Die Einschulungsfeier hat sie selbst als Lehrerin mehrfach mitgestaltet. Wie überrascht ist sie daher, als sie merkt, dass sie so berührt ist, ihre kleine Tochter dort vorne stehen zu sehen. Tatsächlich hat sie feuchte Augen und ist an diesem Tag selbst sehr aufgeregt. Auch das erste Elterngespräch erwartet sie mit Spannung. Die Klassenlehrerin Frau Becker ist recht kurz angebunden. »Zum Leselernprozess muss ich Ihnen ja nichts erzählen, das wissen Sie ja selbst ... Neue Freundinnen hat Eva bisher noch nicht gefunden, aber sie hat guten Kontakt zu den anderen Kindern ... Haben Sie noch Fragen?« Frau Schulz hätte noch viele Fragen, aber eigentlich wünscht sie sich, dass ihr als Mutter genauso viel Zeit gewidmet wird wie anderen. Schließlich erlebt sie die gleichen kleinen Unsicherheiten, ob für Ihre Tochter der Schulanfang gut gelingt ...

Diese Erfahrung lässt sie auf eigene Elterngespräche in der Rolle als Lehrerin anders blicken und bereichert ihre Perspektive als Lehrkraft.

# 2 Für den Anfang: Einfache Gespräche vorbereiten

Grundlegend bedeutsam für kooperative Gespräche ist die Haltung, mit der man als pädagogische Kraft ins Gespräch geht, das haben Sie nun gelesen. Was bedeutet das für ein Erstgespräch?

Nach meiner Erfahrung ist eine gute Mischung wichtig: Wer freundliche, wertschätzende Gespräche führen möchte, sollte auch freundlich und einladend sprechen und – ein freundliches Gesicht machen! (vgl. → Kapitel 12, Marte Meo) Hilfreich ist die Vorstellung einer Gastgeberin, die einlädt. Sie beabsichtigt, dass sich ihre Gäste wohlfühlen und wird sie entsprechend empfangen.

Wer den Blickkontakt anbietet, Äußerungen aufgreift und ernstnimmt, drückt damit eine Wertschätzung für das Gegenüber aus. Die Botschaft ist: *Ich sehe Dich! Ich nehme Dich ernst!* Gleichzeitig ist damit aber keine anbiedernde Haltung gemeint. Eltern und Pädagogen haben oft eine unterschiedliche Sicht auf ein Kind. Eltern kennen das Kind seit der Geburt und sind ihm nah. In der Kindergruppe oder in der Schule mag sich das Kind vielleicht anders zeigen. Diese Perspektiven können sich im Gespräch ergänzen.

## 2.1 Gesprächsanlässe: Gespräche führen, bevor sie nötig sind

Bevor Sie das erste Elterngespräch führen, ergeben sich zahlreiche Möglichkeiten für eine Begegnung. Dies kann ein Tür- und-Angel-Gespräch, ein Hausbesuch oder ein Elternnachmittag sein – mit der Absicht, Vertrauen aufzubauen und eine Kooperation bereits am Anfang anzubahnen. Manche Einrichtungen bieten zum Kennenlernen ein Elternfrühstück an einem Wochenende an. Diese zusätzliche Zeit, die Sie investieren, zahlt sich später aus! Einfache Möglichkeiten zur Begegnung bieten sich auch, wenn Eltern als Begleitung bei

Ausflügen fungieren oder in Unterrichtssituationen mit eingebunden werden (Begleitung zur Bibliothek, Beaufsichtigung einer Gruppe an den PCs, Betreuung einer Lesegruppe, …). Es lohnt sich ebenso, auf den ersten Elternabenden Möglichkeiten zu schaffen, damit die Eltern sich untereinander kennenlernen. Eine gute Gemeinschaft unter den Eltern trägt zu einer positiven Atmosphäre in der Einrichtung bei. Gab es mehrere Begegnungen in einem entspannten Rahmen, so ist dies ein guter Hintergrund für ein erstes Elterngespräch.

Führen Sie das erste Gespräch, bevor es dringend wird. Oft zeigt sich schon in den ersten Wochen der Arbeit mit einer Kindergruppe, bei welchen Kindern eine intensivere Arbeit mit den Eltern wahrscheinlich notwendig werden wird. Sprechen Sie die Eltern am besten schon in den ersten Wochen an, sodass Sie ein entspanntes Gespräch führen können. Besonders interessant ist hier die Frage, wie die Eltern ihr Kind beschreiben. Eltern lieben ihre Kinder, sie sprechen gerne über sie! So lernen Sie gleichzeitig die Eltern besser kennen, erfahren etwas über das Kind und haben ein positiv konnotiertes Gesprächsthema. Wichtig für Eltern ist oft auch die Frage, wie sich das Kind in der Einrichtung zeigt, wie es sich entwickelt. Hier sind Fotos, Arbeitsergebnisse oder kleine positive Beobachtungen aus dem Alltag für ein erstes Gespräch geeignet.

Manchmal gibt es formale Gründe für ein Gespräch: eine sonderpädagogische Überprüfung steht an, die Beratung zum Übergang oder ein Förderplan wird erörtert. Das sind Gesprächssituationen, die für beide Seiten eine Setzung sind. Es sind formale Vorgaben einzuhalten, es gibt wahrscheinlich Protokollformulare, die den Gesprächsverlauf teilweise vorgeben. Günstig ist es, wenn diese Gespräche nicht die ersten Gespräche zwischen Eltern und Pädagogen sind.

Führen Sie zuerst ein Gespräch zum Kennenlernen, ohne weitere Aufgaben für beide Seiten. Dann sind auch diese Gespräche und die formalen Vorgaben leichter zu vermitteln.

## 2.2  Erstgespräche gehen anders

Wenn ein Erstgespräch, wie beispielsweise beim Eintritt in die Kita, in die Grundschule oder in Klasse 5, ansteht, sind andere Schwerpunkte wichtig als in den Folgegesprächen. Hier kann man vermitteln, dass ein echtes Interesse am Kind besteht. Alle Grundlagen an Vertrauen und Kooperation, die Sie hier legen können, werden für weitere Folgegespräche hilfreich sein. Daher profitieren beide Seiten, wenn das Erstgespräch Türen und Sichtweisen „öffnet". Wenn das erste Gespräch gut läuft, lassen sich später auch mal schwierige Rückmeldungen einfacher vermitteln. Günstig ist daher, wenn Sie dieses Gespräch so früh wie möglich führen, mindestens aber bevor ein Gespräch aus aktuellem Anlass notwendig wird. Das Erstgespräch bietet sich in drei Schritten an: Sprechen über das Kind, Sprechen über die Gruppe und die Lernentwicklung und das Sprechen über die Kooperation miteinander.

Offene Fragen können sein:

- ✔ *Was sollte ich über Ihr Kind wissen?*
- ✔ *Was wünschen Sie sich?*
- ✔ *Welche Erfahrungen haben Sie bisher gemacht?*

Wenn Eltern im Erstgespräch Raum bekommen, zu erzählen, öffnen Sie sich erfahrungsgemäß, denn Eltern sprechen gerne über ihr Kind.

## 2.3  Zeit und Ort des Gespräches

Auch Ort und Zeitpunkt haben eine Auswirkung auf das Gelingen. Sorgen Sie dafür, dass Sie ruhig und entspannt in das Gespräch gehen können. Der Raum sollte dazu beitragen. Der Raum, in dem die Kinder spielen oder arbeiten, bietet direkt die Möglichkeit, Arbeitsergebnisse zu zeigen. Das ist für Eltern interessant. Allerdings sollte er so aufgeräumt sein, dass Sie entspannt sind. Je nach Thema des Gespräches sollten Sie mindestens 60 Minuten Zeit einplanen. Für einen kurzen Austausch reichen manchmal auch 30 Minuten. Manche Gespräche ergeben sich auch zwischen Tür und Angel. Für Fragen und Themen wie …

- ✔ *Muss für morgen noch etwas mitgebracht werden?*
- ✔ *Suchen Sie noch eine Begleitung für den Ausflug?*
- ✔ *Meinem Kind geht es gerade nicht so gut, weil …*

... ist es wichtig, den Eltern Ansprechbarkeit zu signalisieren. Das wissen die Kollegen aus den Kitas am besten. Je kleiner die Kinder sind, desto wichtiger ist ein häufiger, oft kurzer Kontakt zum Austausch.

> Frau Berndt ist Erzieherin. Sie schildert, dass die Abholsituation sich oft besser für einen kurzen Austausch eignet, da der Abschied am Morgen für Kinder und Eltern häufig keine einfache Situation ist. Beim Abholen kann sie dagegen den Eltern einen kurzen Eindruck vom Tag geben. Insbesondere bei einem kleinen Unfall oder einem Streit ist es wichtig, die Eltern zu informieren, da sie so den emotionalen Zustand des Kindes am Nachmittag besser einordnen können. Auch beim kleinen Linus erzählte Frau Berndt den Eltern vom Ausflug:»Linus hat sich heute beim Ausflug sehr gefreut. Allerdings habe ich einen ordentlichen Schrecken bekommen, als er an der Straße nicht auf ›Stopp‹ gehört hat. Das war nicht ganz ungefährlich. Bitte achten Sie in der nächsten Zeit darauf. Das sollten wir mit Linus üben, damit er das lernt.« Linus verfolgte das Gespräch interessiert.

Eine Herausforderung ist jedoch, sich nicht zwischen Tür und Angel auf eine Diskussion oder ein Beratungsgespräch einzulassen. Wenn Sie ein wichtiges Thema erkennen, können Sie ein Gesprächsangebot machen. Hilfreich sind hier Angebote wie:

✔ *Das ist ein wichtiges Thema, dafür sollten wir uns etwas Zeit nehmen.*
✔ *Das möchte ich gerne verstehen. Lassen Sie uns einen Termin ausmachen.*
✔ *Mir ist Ihre Meinung wichtig. Darüber möchte ich gerne in Ruhe mit Ihnen sprechen.*
✔ *Das haben schon mehrere Eltern angesprochen. Das werden wir auf dem nächsten Elternabend aufgreifen.*

> Frau Demir spricht die Klassenlehrerin in der ersten großen Pause an. Ihrem Sohn Mohamed sei gestern auf dem Weg in die Betreuung das Handy geklaut worden. Frau Demir ist sehr aufgebracht darüber

und will sich an die beiden verdächtigten Jungen wenden, um den Fall zu klären. Die Klassenlehrerin Frau Kovac hat ein gutes Verhältnis zu Frau Demir. Es gelingt ihr, die Mutter zu beruhigen. Sie verspricht, der Sache nachzugehen und die Mutter am Nachmittag anzurufen. Frau Kovac findet im Gespräch mit den Kindern heraus, dass Mohamed unterwegs sein Handy verloren hat. Die beiden anderen Jungen haben den gleichen Weg und haben das Handy auf dem Weg gefunden. Sie haben sich über ihren Fund gefreut und wollten das Handy auch noch nicht hergeben, als Mohammed seines überall verzweifelt suchte. Der Eindruck, die beiden hätten das Handy geklaut, war also ein Missverständnis. Nach dem gemeinsamen Gespräch mit Frau Kovac geben sie es bereitwillig zurück. Nachmittags hatte sich auch Frau Demir etwas beruhigt.

Hier war es wichtig, den Fall erst zu ergründen und Zeit zu gewinnen.

Eine Regelmäßigkeit der Gespräche sorgt dafür, dass an das erarbeitete Vertrauen angeknüpft werden kann und getroffene Vereinbarungen evaluiert werden können. Für die Schule sind das mindestens zwei Gespräche pro Schuljahr. Bedenken Sie dabei: Wenn Sie den guten Kontakt pflegen, investieren Sie damit auch in das Verhältnis, sodass Krisen besser kooperativ bewältigt werden können. Hierzu sollte neben dem Unterricht in den Rahmenbedingungen pädagogischer Arbeit sowie der Wochenarbeitszeit genügend Zeit verbleiben, um die Elternarbeit mit so vielen verschiedenen Eltern einer Klasse oder einer Gruppe ausreichend zu berücksichtigen!

## 2.4 Teilnehmende

Stellen Sie sich neben Ihrer persönlichen Vorbereitung also auch die Frage, was Eltern helfen wird, um gut ins Gespräch zu kommen. Sie möchten eine weitere Person mitbringen? Das sollten Sie ermöglichen und ebenfalls eine Kollegin mitbringen. Das Gespräch gemeinsam mit einem Kollegen, der möglicherweise eine andere Profession hat, sicher aber einen etwas anderen Blick aufs Kind, kann das Gespräch bereichern. Sie können sich absprechen, ob eine Person ein Protokoll führt, damit sich hinterher alle Beteiligten gut an den Inhalt erinnern und Absprachen präsent bleiben.

Josefs Eltern sind gehörlos. Die bisherige Kommunikation der Lehrkräfte mit den Eltern verlief per SMS oder mit einer Gebärdendolmetscherin. Die Eltern waren kooperativ, manchmal auch sehr direkt in ihren Äußerungen. Nun steht für Josef eine sonderpädagogische Überprüfung an. Zum Förderausschuss kommt eine neue Dolmetscherin hinzu. Es gestaltet sich sehr schwierig, den Prozess der Überprüfung und die Formalia in Gebärdensprache zu übersetzen, für viele Fachbegriffe gibt es einfach keine Gebärden. Die Eltern reagieren enttäuscht, sie sind der Meinung, bisher nicht richtig informiert worden zu sein. Es stellt sich heraus, dass es sehr viele Missverständnisse über den Leistungsstand und den bisherigen Förderunterricht gab. Das Vertrauensverhältnis scheint nun beeinträchtigt. Insgesamt fühlen sich die Eltern in der Welt der Hörenden oft unverstanden und übergangen. Ein Jahr später hat Josef umfangreiche Förderung erhalten und der Wechsel auf die weiterführende Schule steht an. Die Eltern haben den Eindruck gewonnen, dass Joseph intensiv gefördert wurde, viele Fortschritte erreicht hat und die Entscheidung zur Überprüfung richtig war. Sie danken der Lehrerin für ihre Bemühungen bei der Verabschiedung.

Ein Gespräch ohne Gebärdendolmetscherin wäre für die Eltern noch viel schwieriger geworden und hätte zahlreiche Missverständnisse mit sich bringen können.

## 2.5 Sprachliche und andere Hürden berücksichtigen

Nicht zu unterschätzen ist die Wirkung einer Sprachbarriere. Wie gut können sich die Eltern in der deutschen Sprache verständigen? Verstehen beide Eltern die Sprache gleich gut? Haben beide gleich gute Möglichkeiten, ihre Einschätzung und Sicht einzubringen? Und selbst wenn sie die Sprache gut verstehen, bleibt die Frage, ob sie das deutsche Schulsystem verstehen oder ob sie von ihren Erfahrungen mit einem anderen schulischen System ausgehen. Ich möchte dazu raten, eher öfter Dolmetscher einzusetzen, auch wenn die Eltern die deutsche Sprache schon recht gut beherrschen. Oft ist es hilfreich, eine Person als Vermittler einzuladen, die die Herkunftssprache der Eltern spricht. Sie kann gleichzeitig kulturelle Unterschiede erklären und den Eltern helfen, das deutsche Schulsystem besser zu verstehen. Auch die Pädagogin selbst versteht dann, an welchen Stellen es schnell zu Missverständnissen kommt und kann die Perspektive der Eltern besser berücksichtigen. Der Perspektivwechsel gelingt leichter, wenn man sich in die Lage versetzt, das eigene Kind beispielsweise in Japan oder im Oman in die Schule zu geben. Dort wird das Leben in der Schule sicherlich anders verlaufen, als wir als Eltern Schule erlebt haben. Auch Sie müssten das neue System erst kennen- und verstehen lernen.

Andere Hürden im Gespräch können eine Behinderung der Eltern sein. Wenn die Eltern mit einer körperlichen oder geistigen Beeinträchtigung leben, bestimmt dies auch das Leben des Kindes und muss inhaltlich, aber auch in der Vorbereitung eines Gespräches besonders berücksichtigt werden. Dazu ist es sinnvoll, sich mit dem Förderzentrum der jeweiligen Behinderung oder einer Beratungsstelle in Verbindung zu setzen und selbst Beratung zu suchen. Auch Eltern aus sozial schwachen und bildungsfernen Milieus benötigen Unterstützung, wenn es um komplexe fachliche Zusammenhänge geht. Diese Stichworte helfen Ihnen, auf besondere Bedürfnisse bei Eltern besser Rücksicht zu nehmen:

- ✔ *Mehr Zeit für das Gespräch einplanen*
- ✔ *Inhalte vereinfachen, in kurzen Sätzen und mit einfachen Wörtern sprechen*
- ✔ *In einer anderen Sprache begrüßen können*
- ✔ *Wichtige Punkte visualisieren, wichtige Informationen auch schriftlich geben*
- ✔ *Langsam sprechen, Pausen zum Nachdenken lassen*
- ✔ *Wiederholt nachfragen, ob das Gesagte gut verstanden wurde*
- ✔ *Eltern inhaltlich dort abholen, wo sie stehen, Fragen zum Bildungssystem berücksichtigen*
- ✔ *Sich selbst informieren über die Beeinträchtigung oder über den kulturellen Hintergrund der Eltern*
- ✔ *Dolmetscher, Beratungsperson, Familienhelferin, Muttersprachler hinzuziehen*

## 2.6 Fragen zur Klärung der Zielsetzung

Kennen Sie das Sprichwort »Höre zu, um zu verstehen, nicht um zu antworten«? So ähnlich soll das S. Covey formuliert haben. Als Pädagoge werden Sie in manchen Gesprächen eher zuhören, in anderen aber einen höheren Sprechanteil haben. Ich möchte Ihnen eine Hilfe geben, die Anlässe zu unterscheiden. In manchen Settings sind Sie stärker als Expertin gefragt, in anderen verstärkt als Berater.

Unabhängig von der Rolle im Gespräch haben Sie aber gleichzeitig die Rolle der Moderation. Sie sind also beteiligt und gleichzeitig moderierend und möglichst allparteilich. Wir unterscheiden zunächst unterschiedliche Gesprächsanlässe:

- ✔ *Kennenlerngespräch oder Erstgespräch*
- ✔ *Beratungsgespräch*
- ✔ *Fachgespräch zur Information (Versetzungsgefährdung, Förderbedarf, Nachteilsausgleich etc.)*
- ✔ *Das Schlechte-Nachrichten-Gespräch*
- ✔ *Kritikgespräch oder Konfliktgespräch*

Während die ersten beiden Gesprächsanlässe einen hohen beratenden Anteil haben, werden Sie im Fachgespräch oder im Schlechte-Nachrichten-Gespräch (wie etwa eine Mitteilung über Nichtversetzung) als Expertin sprechen und eher informieren. Aber auch in informierenden Gesprächen ist es sinnvoll, sich rückzuversichern, wie das Gesagte aufgenommen wurde. Hierzu finden Sie mehr Informationen im Kapitel 11.1.4. Sie können sich also vorbereitend fragen, welchen Hut Sie in diesem Gespräch aufhaben. Folgende Leitfragen können Sie sich stellen, während sie sich auf das Gespräch vorbereiten:

- ✔ *Was ist der Gesprächsanlass?*
- ✔ *Welche Rolle habe ich?*
- ✔ *Mit welchen Gefühlen gehe ich ins Gespräch?*
- ✔ *Woher stammen sie?*
- ✔ *Welche Punkte möchte ich ansprechen?*
- ✔ *Was mag ich am Kind?*
- ✔ *Was hat es in letzter Zeit gut gemacht?*

✔ *Was denkt/fühlt/will das Kind selbst wahrscheinlich?*
✔ *Gibt es Leidensdruck, unangenehme Themen?*
✔ *Wie sollte das Gespräch idealerweise ausgehen aus meiner Sicht?*
✔ *Brauche ich Unterstützung und wenn ja, von wem?*
✔ *Welches Material kann für dieses Ergebnis hilfreich sein?*
✔ *Mit welchem Gefühl werden die Eltern kommen?*
✔ *Was wünschen sie sich wahrscheinlich vom Gespräch?*
✔ *Welche Punkte könnten sie ansprechen?*
✔ *Wo sollte das Gespräch idealerweise stattfinden?*
✔ *Gibt es Störquellen im Raum (Durchgangsraum, Baulärm, …)?*
✔ *Können alle Beteiligten auf den gleichen Stühlen sitzen?*
✔ *Wird es eine Sitzordnung geben?*
✔ *Wer sollte dabei sein?*

Je nach Zielsetzung des Gespräches kann es wichtig sein, Material, Fotos, Arbeitsergebnisse oder ähnliches zur Verdeutlichung mitzubringen. Bilder und Arbeiten haben durch die Veranschaulichung stets eine stärkere Wirkung, als wenn Sie als Pädagoge nur von Beobachtungen berichten.

Beachten Sie bei Ihrer Zielsetzung: Passt das Ziel auch zur Familie? Hat die Familie das gleiche Ziel? Welches Ziel würden die Eltern formulieren, wenn sie vor dem Gespräch gefragt würden? Je nachdem, ob Sie die Eltern informieren oder auch beraten wollen, ist es wichtig, das Gesprächsziel gemeinsam mit den Eltern zu erarbeiten (→ Kapitel 1.2.2).

Für das Gelingen des Gespräches ist es wichtig, nur wenige Ziele ins Auge zu fassen. Sie sollten für die Beteiligten mit ihren Ressourcen erreichbar sein.

Frau Ullreich lud Familie Akman zum Gespräch ein. Sie war in Sorge um den Schüler Kemal. Er tat sich mit dem Lernen schwer, das Lesen lernte er nur mühsam. Außerdem waren die wichtigen Materialien für den Unterricht meistens nicht im Ranzen und gingen immer wieder verloren. Frau Ullreich hatte Kemal schon mehrfach neue Hefte mitgegeben, die alle wieder abhandenkamen. Auch die Hausaufgaben erledigte er nur selten. Die Mutter kam zum Gespräch, mit dem dritten Kind schwanger. Der Vater hatte zwar zugesagt, aber kurzfristig keine Zeit. Frau Ullreich zeigte der Mutter die Lesetexte, die Kemal bewältigte und die Lesetexte, die die anderen Kinder bekamen. Die Mutter sah auch, dass Kemal das Lesen sehr schwerfiel und versprach, eine Nachhilfe zu beantragen. Sie war jedoch unsicher, wie der Antrag beim Sozialrathaus gestellt werden musste. Frau Ullreich bemerkte, dass die Mutter Unterstützung brauchte. Sie sprach die anderen Punkte wie die Ordnung im Ranzen, die regelmäßige Erledigung der Hausaufgaben und das tägliche Üben nicht mehr an. Die Lehrerin rief im Sozialrathaus an und konnte so mithelfen, dass Kemal zwei Mal pro Woche eine Nachhilfe bekam. Die Nachhilfe wurde nach zwei Monaten bewilligt, sie unterstützte bei den Hausaufgaben und packte an diesen Tagen auch den Ranzen mit ihm.

## 2.7 Einladung

Wie und in welcher Atmosphäre das Gespräch zustande kommt, hängt auch von der Form der Einladung ab. Ist es eine Mitteilung im Merkheft, eine Notiz, ein Anruf oder eine förmliche Einladung mit dem Stempel der Einrichtung? Je nach Anlass wählen Sie die passende Form aus. Teilen Sie auch in der Einladung mit, wer noch am Gespräch teilnehmen wird. So können Eltern wählen, ob sie vielleicht auch zu zweit kommen oder eine Person mitbringen möchten. Besonders wichtig ist, dass das Thema den Eltern vorher mitgeteilt wird. Ansonsten können Phantasien entstehen, worum es gehen könnte. Das trägt nicht zu einer entspannten Gesprächsatmosphäre bei!

Ich möchte dazu ermuntern, die Eltern anzurufen. In vielen Fällen ist das der direkteste Weg, die Eltern können auch gleich ihre Fragen zum Gespräch stellen. Die Bedeutung eines gemeinsamen Gespräches mit beiden Elternteilen kann besser vermittelt werden. Übrigens: Auch am Telefon wirkt es entspannend, mit dem Joining (→ Kapitel 3.2) zu beginnen. Wenn es sprachliche Barrieren gibt, ist eine schriftliche Einladung besser. Wenn möglich, kann ein Dolmetscher den Text in übersetzter Form ergänzen. Gerade in größeren Einrichtungen oder bei großen Trägern gibt es häufig mehrsprachige Menschen, diese Ressource sollte genutzt werden. Das vereinfacht nicht nur das Verständnis für die Eltern, es signalisiert auch, dass die Muttersprache der Eltern geschätzt wird.

Seit 2014 etwa ist die Idee aufgekommen, Elternbriefe in einfacher Sprache zu formulieren. Dazu gibt es bereits Seminare und Literatur. Gemeint ist, Sätze so zu vereinfachen, dass der Inhalt auch für Menschen mit Behinderung oder sprachlichen Barrieren besser zu verstehen ist, also in kurzen Sätzen, ohne Fremdworte, logisch strukturiert und eventuell mit Bildbeispielen erläutert (vgl. Bundeszentrale für politische Bildung, 2014).

## 2.8  Tipps für ein sicheres Auftreten

Wenn Sie noch nicht viele Gespräche geführt haben, helfen Ihnen diese einfachen Tipps, um sicher in das Gespräch zu gehen. Nehmen Sie sich ausreichend Zeit, das Gespräch gut vorzubereiten. Seien Sie rechtzeitig im Raum. Legen Sie eine Pause ein zwischen Arbeitsende und Gesprächsbeginn.

Besonders wirkungsvoll ist es, wenn Sie ein bevorstehendes Gespräch vorher entweder in Gedanken simulieren oder im Rollenspiel durchgehen. Dazu geben Sie einer anderen Person kurze Informationen über Situation und Anlass des Gespräches. Spielen Sie das Gespräch einmal durch. Wie hat sich die andere Person währenddessen gefühlt? Aufschlussreich ist es auch, die Rollen zu wechseln. Wie geht es Ihnen in der Elternrolle? Worauf sollten Sie für Ihr Gespräch achten?

Wenn Ihnen das zu aufwändig ist, hilft oft schon das Gespräch mit Kollegen über das bevorstehende Elterngespräch. Welche Ideen haben sie? Gibt es gute Tipps?

Eine weitere Möglichkeit besteht darin, Gespräche mit einem Kollegen gemeinsam zu führen. Das ist zeitaufwendig und sicher nicht immer durchführbar. Manchmal rechtfertigt die Situation aber diesen Aufwand.

Herr Mahler hatte Schwierigkeiten mit der Integrations-Assistenz des Schülers Julian. Julian war gerade in der Eingangsstufe eingeschult worden. Frau Dahmschen als seine Integrations-Assistenz war neu an der Schule, noch recht jung und überlegte, selbst ein Studium im pädagogischen Bereich zu absolvieren. Sie arbeitete sehr motiviert und oft bereitete sie noch nach Dienstschluss Material vor. Allerdings empfand Herr Mahler ihr Auftreten im Unterricht als Einmischung. Frau Dahmschen betreute gerne auch andere Schülergruppen und diskutierte teilweise Unterrichtsmethoden mit Herrn Mahler. Es stand nun ein klärendes Gespräch an. Eine Förderlehrerin sollte die Moderation übernehmen. Herr Mahler war etwas aufgeregt, da Frau Dahmschen ihre Ansichten selbstbewusst vertrat. Die beiden Kollegen entschieden, das Gespräch im Rollenspiel zu simulieren. Herr Mahler übernahm dabei die Rolle der Integrations-Assistenz. Das Rollenspiel vermittelte ihm deutlich, mit welchen Gefühlen sie wahrscheinlich ins Gespräch gehen würde und welche Argumente zu erwarten wären. Dies half ihm sehr, mit mehr Klarheit und auch Verständnis in das Gespräch zu gehen.

## 2.9  Selbstreflexion

Zu einer guten Vorbereitung gehört, die eigene Motivation, eigene Gedanken und Gefühle und Standpunkte zum Gesprächsthema zu reflektieren. Wenn wir uns den systemischen Ansatz noch einmal in Erinnerung rufen, sind Sie als Fachkraft Teil des Systems. Ihre persönlichen Ansichten, Ihre Haltung, Ihre Gefühle beeinflussen das Gespräch mit. Früher gab es ein Holzspiel für den Tisch, bei dem eine Kugel durch ein Labyrinth manövriert wurde, indem man an zwei seitlichen Rädern drehen und damit das Holzbrett bewegen konnte. Wenn nun die Kugel die gemeinsame Entwicklung oder das Gespräch darstellen, so kann man sich die Gesprächsteilnehmer als das eine und das andere Rad denken. Sobald sich eines bewegt, verändert die Kugel ihre Richtung und eine Bewegung des anderen Rades ist nötig … Es ist daher wichtig, dass Sie Ihre inneren Bewegungen kennen.

Folgende Fragen können Ihnen bei der Selbstreflexion helfen:

- ✔ *Welche Gefühle löst das Kind mit seiner Art und seinem Verhalten in mir aus?*
- ✔ *Habe ich anderen Kindern gegenüber ein ähnliches Gefühl?*
- ✔ *Woher stammen diese Gefühle?*
- ✔ *Gab es schon früher Kinder mit ähnlichen Verhaltensweisen, die mich herausgefordert haben?*
- ✔ *Kenne ich mich zum Thema gut aus?*

✔ *Welche Gefühle lösen die Eltern in mir aus?*

✔ *Welche Gedanken habe ich zum aktuellen Gesprächsthema?*

✔ *Welches sind meine Stärken im Gespräch?*

✔ *Kann ich mich Eltern gegenüber gut abgrenzen?*

✔ *Kann ich mich in Eltern gut einfühlen?*

✔ *Wie nah bin ich den Eltern?*

✔ *Welche Gesprächssituationen sind für mich immer wieder schwierig?*

✔ *Sehe ich mich als Ratgeberin, Helfer, Expertin im Elterngespräch?*

✔ *Ist diese Rolle heute auch angemessen?*

✔ *Wie geht es mir heute? Wie ist meine aktuelle seelische Verfassung, mit der ich ins Gespräch gehe?*

Wenn Ihnen Ihre Tagesform bewusst ist, können Sie besser steuern. Ihre Haltung wird sich in Ihren Aussagen, aber auch in Ihrer Körperhaltung und Mimik Ihrem Gegenüber vermitteln. Wenn Sie einen eigenen Anteil am Thema erkennen können, gelingt es besser, eigene Wertungen zu relativieren. Nach Miller (2004) ist es wie bei einem Eisberg, der im Meer schwimmt; nur der obere Eisberg – als Bild für die bewussten Gefühle und Motive – ist sichtbar. Der unsichtbare Berg liegt unterhalb des Wassers und ist wesentlich größer. Er symbolisiert die unbewussten Anteile, Haltungen und Gefühle. Insbesondere im Fall von Konflikten ist es daher eine gute Möglichkeit, Selbstreflexion, Supervision und kollegiale Fallberatungen zu nutzen.

# 3 Der Gesprächsverlauf

Nachfolgend finden Sie zusammengefasst ein bewährtes Ablaufschema für Elterngespräche, die Unterpunkte werden im Anschluss erläutert:

1. Begrüßung aller Anwesenden
2. Joining
3. Eröffnung, Anlass, Festlegung der Zeit
4. Kontrakt zum Gespräch, Klärung der Zielsetzung
5. Sammlung der Themen oder Benennung des Problems
6. Stärken ansprechen, Ressourcen finden
7. Alle Sichtweisen erfragen
8. Positive Seiten des Problems? Funktion des Verhaltens? Bisherige Lösungsversuche?
9. Lösungswege sammeln
10. Konkrete Ziele vereinbaren
11. Beidseitige Verantwortung formulieren, konkrete Vereinbarungen festhalten (Verlesen des Protokolls)
12. Dank, positiver Schlusskommentar, Verabschiedung
13. Nachbereitung des Gespräches, verabredete Maßnahmen einhalten

## 3.1 Begrüßung

Die Begrüßung ist selbstverständlich. Allerdings ist dabei wichtig, dass Sie mit einem freundlichen Gesicht und in einer freundlichen Tonlage sprechen können. Nur dann fühlen sich andere wirklich willkommen. Das klingt banal, ist aber nach einem langen Arbeitstag nicht immer einfach. Achten Sie auch darauf, alle Teilnehmer des Gespräches persönlich zu begrüßen. Teilweise geht dies vergessen, wenn Kinder am Gespräch teilnehmen. Stellen Sie auch sicher, dass alle Teilnehmenden untereinander wissen, wer mit am Tisch sitzt. Hier ist eine kleine Vorstellungsrunde wichtig. Sie können auch bei dieser Gelegenheit auf die in der Einladung genannten Themen verweisen.

 ## 3.2  Gesprächseinstieg, das Joining

In der Systemik nennt man es das *Joining*: Werden Sie anfangs mit den Gesprächsteilnehmern etwas warm! Es wirkt Wunder, wenn das Gegenüber Gelegenheit hat, anzukommen und Ihr Interesse spürt. Woher kommt die Mutter, der Vater gerade? Haben sie sich sehr beeilt, stehen sie unter Druck? Schwingen Sie sich auf Ihr Gegenüber ein, umso mehr fühlt der andere sich abgeholt und kann sich auf einen neuen Inhalt einlassen.

*To join* bedeutet, sich zusammenzutun oder sich anzuschließen. Gemeint ist damit eine ausgeprägte Phase von mehreren Minuten zu Beginn des Gespräches, in dem die Beteiligten miteinander noch nicht zum Thema sprechen. Die Person, die einlädt, kann hier allen Beteiligten vermitteln, dass ein freundliches Gespräch zu erwarten ist. Für Sie als pädagogische Kraft bietet sich die Möglichkeit, wichtige Informationen zum Gespräch zu erhalten. Und die Atmosphäre ist schließlich wichtig für das anschließende Gespräch. Fragen/Gesprächsthemen können sein:

- ✔ *Haben Sie gut hergefunden? Konnten Sie einen Parkplatz finden?*
- ✔ *Mussten Sie sich für unser Gespräch heute frei nehmen?*
- ✔ *Was machen Sie beruflich?*
- ✔ *Darf ich Ihnen etwas zu trinken anbieten?*
- ✔ *Eltern-Aussagen aufgreifen*
- ✔ *Auch nichtige Gesprächsthemen wie Small Talk können für Entspannung sorgen (Grippewelle, die aktuelle Wahl oder das beliebte Thema Wetter)*
- ✔ *Von sich erzählen (seit wann in der Einrichtung, selbst Mutter oder Vater, …)*

Frau Osak hat als Erzieherin im U3-Bereich täglich engen Kontakt zu den Eltern. Fragen wie …
- Du bist ja gar nicht im Anzug heute, hast du frei?
- Wie geht es eurem älteren Sohn?
- Wie war das Wochenende?

… sind eine Selbstverständlichkeit für sie. So stellt sie sicher, dass sie mit allen Eltern guten Kontakt hat und das Vertrauensverhältnis gepflegt wird.

Stellen Sie eine unverfängliche Frage oder knüpfen Sie an gemeinsame Vorgespräche an. Was wissen Sie über die Eltern? Auch allgemeine Themen helfen zu einem unverfänglichen Erstkontakt: Wie war das Fußballspiel gestern? Haben Sie auch den Tatort geschaut? Wenn es Ihnen gelingt, Ihr Gegenüber vor dem Einstieg in die zu besprechenden Themen zum Lächeln zu bringen, steigen die Chancen für ein kooperatives Gespräch enorm!

●◗ Übung Versuchen Sie es zuerst in einfachen Gesprächen: Stellen Sie Fragen zum Ankommen, beginnen Sie ein entspanntes Gespräch, wechseln Sie mindestens fünf Sätze, bevor Sie zum Thema kommen. Der Umweg erleichtert das Erreichen des Ziels!

Frau Theisen hatte Familie Artischek zum Gespräch eingeladen. Beide Eltern sind gekommen. Die Mutter wirkt beim Ankommen gehetzt, ihr Gesichtsausdruck ist verschlossen. Beim Nachfragen erfährt Frau Theisen, dass der Sohn, um den es im Gespräch gehen soll, mit Fieber zu Hause im Bett liegt. Die Mutter hat eine Betreuung organisiert, der Vater hat sich von der Arbeit freigenommen. Dies ist eine wichtige Information. Es zeigt, wie sehr sich die Eltern engagieren, um zum Gespräch zu kommen. Das ist nicht immer so, das kann die Pädagogin wertschätzend aufgreifen.

## 3.3 Gesprächsrahmen und Zeiteinteilung

Damit alle Beteiligten sich gut einstellen können, ist es wichtig, am Anfang das Thema zu benennen und zu klären, wie viel Zeit für das Gespräch eingeplant ist. Auf wessen Initiative hin wurde das Gespräch einberufen? Müssen die Beteiligten an Gesprächsregeln erinnert werden? Wer übernimmt die Rolle, auf die Zeit zu achten? Meistens ist dies die Aufgabe der Moderatorin, wenn aber mehrere Beteiligte zusammenkommen, kann es eine gute Aufgabenteilung sein, wenn zu Beginn vereinbart wird, wer auf die Zeit achtet.

Denn wenn wir uns in Gesprächen an einer Lösung orientieren wollen, sollte sich das auch im zeitlichen Rahmen widerspiegeln: Häufig wird ein großer Teil des Gespräches darauf verwendet, das Thema oder die Themen oder Probleme zu besprechen. Für einen Austausch ist das auch ausreichend. Wenn aber Lösungen erarbeitet werden sollen, muss auch mindestens die Hälfte der Gesprächszeit für eine Erarbeitung der Lösung eingerechnet werden. Kontrollieren Sie sich mit der Uhr im Blick.

Wer dominiert das Gespräch? Wer hat die meiste Redezeit? Achten Sie darauf, dass die Eltern auch zeitlich genügend Raum bekommen. Sprechen beide Elternteile gleich viel? Oder ist es notwendig, eine Person mehr zu Wort kommen zu lassen? Wenn Sie die Eltern schon kennen, haben Sie vielleicht bereits vor dem Gespräch eine Vermutung und können sich vornehmen, die andere Person entsprechend ins Gespräch einzuladen und Ihre Fragen abwechselnd an beide Elternteile zu richten. Einladend wirken Fragen wie:

✔ *Wie ist Ihre Meinung dazu?*
✔ *Was würde Ihre Frau sagen? Stimmt das?*
✔ *Was sagt Ihre Tochter dazu?*
✔ *Wie erleben Sie Ihr Kind …?*

## 3.4 Kontrakt

Für eine gute Kooperation ist es wichtig, sich auf einige wenige Ziele für das Gespräch und die weitere Zusammenarbeit zu einigen. Die Vereinbarung kann also nur das aktuelle Gespräch oder die Kooperation in den nächsten Wochen und Monaten umfassen. Diese Einigung wird in der Fachsprache »Kontrakt« genannt, weil die Zielvereinbarung wie in einem Vertrag gemeinsam ausgehandelt wird und im Idealfall beinhaltet, wer welche Aufgabe im Gespräch oder der

Beratungssituation übernimmt. Für die Auftragsklärung können Sie sich diese Fragen stellen:

- ✔ *Wer will etwas oder wer will nichts?*
- ✔ *Von wem will jemand etwas und von wem nichts?*
- ✔ *Ist das Vorgehen an einer Lösung orientiert oder hauptsächlich auf ein Problem fokussiert?*
- ✔ *Worauf können sich beide Seiten einigen?*
- ✔ *Können beide Seiten aktiv zusammenarbeiten und übernehmen beide Seiten Verantwortung?*
- ✔ *Gibt es unrealistische Erwartungen?*
- ✔ *Ist der Zeitrahmen für das Gesprächsziel angemessen?*
- ✔ *Woran würden Sie/die Eltern am Ende des Gesprächs erkennen, dass sie erfolgreich waren?*

Beachten Sie dabei, dass Eltern dann am besten mitarbeiten werden, wenn sie sich in den Zielen für das Gespräch oder für die weitere Arbeit wiederfinden. Manchmal ist es auch genau andersherum. Eltern oder Außenstehende sind Auftraggeber und haben ein Ziel. Es ist also eine wichtige Fragestellung für das Gespräch, wer den Veränderungswillen einbringt. Erst wenn diese Fragen geklärt wurden, sollte mit der Themensammlung oder Problembeschreibung intensiver begonnen werden.

Herr und Frau Krauss sind um ihren Sohn Jonas besorgt. Sie nehmen alle Elterngespräche wahr und engagieren sich in der Schule. Mittlerweile ist Jonas in der vierten Klasse. Das letzte Diktat fiel nicht gut aus für ihn. Die Eltern haben Frau Grün um ein Gespräch gebeten. Zum heutigen Gespräch sind beide Eltern erschienen. Sie möchten von Frau Grün, dass sie für ihren Sohn Jonas eine Lese-Rechtschreibschwäche feststellt. Sie haben gehört, dass er dann keine schlechten Noten mehr bekommen würde. Frau Grün sieht das anders. Nach Rücksprache mit den anderen Lehrkräften sieht sie keinen Grund, eine Lese-Rechtschreibschwäche festzustellen und einen Notenschutz zu vereinbaren. Jonas hat in den letzten Jahren schließlich stabile Leistungen im Lesen und Rechtschreiben erzielt. Ihr fällt auf, dass die Eltern sich Sorgen machen, weil der Übergang in

die fünfte Klasse und damit in eine andere Schule ansteht. Sie bietet
den Eltern an, gemeinsam zu überlegen, wie Jonas in der Schule und
vom Elternhaus in dieser Zeit gut unterstützt werden kann.

## 3.5 Themen sammeln, Probleme, Sichtweisen und Bedürfnisse benennen

Wenn mehrere Themen anstehen, ist es wichtig, diese zu sammeln
und in eine Reihenfolge zu bringen. Möglicherweise sind nicht alle
Themen am gleichen Tag zu besprechen und werden für ein weiteres
Gespräch vorgemerkt. Vielleicht haben auch andere Gesprächsteilnehmer relevante Anliegen, die sie an dieser Stelle erfahren können. Es können Anliegen auf der Sachebene und auf der Beziehungsebene angesprochen werden, oft gibt es auch auf beiden Ebenen
Anliegen. Für mehrere Themen oder Anliegen können Sie Karten
nutzen. Dann werden einfach nicht behandelte Themen als Karte
in das nächste Gespräch mitgenommen. Dieses Vorgehen hat den
Vorteil, dass alle Anliegen ernst genommen werden und damit auch
die Menschen, die dieses Anliegen eingebracht haben. Gleichzeitig
schafft die Verschriftlichung Transparenz. Auch das Benennen von
Problemen gehört in diese Sammlungsphase. In dieser Phase können
unterschiedliche Sichtweisen benannt werden, hier sollte allerdings
nur das Thema festgelegt werden. Für die Darstellung der Perspektiven ist anschließend noch Zeit. Zur Erörterung von Problemen
und anderen Themen ist eine offene, neugierige Haltung geeignet.
Fragen sind wichtig und weiterführend, Hintergründe und Kontext
eines Problems besser zu verstehen. Nur durch Fragen wird besser
verständlich, wie die anderen Gesprächsteilnehmer das Problem
wahrnehmen. Daher ist der Kunst des Fragens ein eigenes Kapitel
gewidmet (→ Kapitel 4).

Wenn Sie unterschiedliche Sichtweisen erfragen und sammeln,
ist es wichtig, den Gesprächsteilnehmern Zeit zu lassen. Eine Einschätzung zu äußern, insbesondere wenn das Thema problematisch
ist, fällt Eltern teilweise nicht leicht. Dahinter stehen Bedürfnisse,
wie gehört werden, Anerkennung finden und verstanden werden.
Wenn Sie hier ermöglichen, dass Raum für diese Bedürfnisse ist,
können Sie dadurch in sich und anderen Verständnis erzeugen und

die jeweilige Perspektive erweitern. Dabei können auch abwesende Elternteile oder andere Beteiligte einbezogen werden (→ Kapitel 4.2, Zirkuläre Fragen). Auch Ihre eigene Sichtweise oder Ihr Anliegen findet hier Platz. In dieser Phase des Gespräches ist es nicht notwendig, einen Konsens in der Einschätzung zu finden. Die Unterschiede können bestehen bleiben. Vielleicht gelingt es sogar, unterschiedliche Einschätzungen zu würdigen. Wenn an dieser Stelle Kritik als Beschwerde oder Vorwurf formuliert wird, ist es nützlich, bei der Formulierung als Wunsch oder Anliegen zu unterstützen (→ Kapitel 9.5, Kritikgespräche). Nach der VW-Regel können damit Vorwürfe als Wünsche formuliert werden. Mit Wünschen arbeitet es sich wesentlich einfacher! Als Moderation können Sie an die Regel erinnern, dass nur eine Person spricht. Das hilft dann, wenn unterschiedliche Sichtweisen aufeinandertreffen.

## 3.6 Ressourcen finden

Diese Phase wird in Gesprächen schnell vergessen, insbesondere, wenn über Probleme gesprochen wird. Allerdings ist sie gerade dann besonders wichtig, denn, wenn es Probleme mit einem Kind gibt, ist das für Eltern oft belastend. Teilweise erleben Eltern es als verletzend oder kränkend, weil das Kind nicht »funktioniert«. Wenn Eltern schon länger damit konfrontiert sind, dass ihr Kind auffällt, stört oder nicht gut lernen kann, legen sie sich das manchmal als eigenes Versagen aus. Das erzeugt einen hohen Leidensdruck! Gerade dann ist eine positive Rückmeldung zu Fortschritten, Stärken oder erreichten Verbesserungen dringend notwendig. Daher gilt: Beginnen Sie positiv! Das rückt die Achtung vor dem Kind und die Wertschätzung gegenüber den bisher unternommenen Anstrengungen in den Vordergrund. Auch wenn den Pädagogen etwas auffällt und sie etwas Wichtiges mit den Eltern besprechen wollen, wird diese Gesprächsphase häufig vergessen. Das Sprechen über Stärken stärkt die Anwesenden und schafft damit einen positiven Einstieg in das Gespräch, den Sie nicht versäumen sollten. Dazu zählen positive Momente, gute Eigenschaften oder auch bisherige Erfolge in der gemeinsamen Kooperation. Wenn Sie Kind und Eltern noch nicht gut kennen, können folgende Fragen zur Suche nach Ressourcen helfen:

✔ *Welche Stärken hat Ihr Kind?*
✔ *Was macht es besonders gern?*
✔ *Was klappt zu Hause/in der Einrichtung gut?*
✔ *Wann lief es besonders gut?*
✔ *Was war eine schöne Episode mit Ihrem Kind?*
✔ *Wer hat einen guten Draht zum Kind?*
✔ *Was hat bisher bei Problemen geholfen?*
✔ *Wer unterstützt das Kind?*
✔ *Woher nehmen Sie die Kraft?*
✔ *Wie war das, als Ihr Kind klein war?*
✔ *Was haben wir bisher erreicht?*

## 3.7 Ziele, Lösungen, Vereinbarungen

Oftmals gehen Pädagoginnen schon mit einer Idee für eine Lösung oder eine Vereinbarung ins Gespräch. Das kann Teil einer guten Vorbereitung sein. Dabei ist aber auch wichtig, offen für andere Ideen und Entwicklungen im Gespräch zu bleiben. Gerade wenn beide Parteien eine gemeinsame Verantwortung für Lösungsideen tragen, sollten diese nicht vorweggenommen werden. Gemeinsam können schließlich ganz neue Ansätze entstehen. Dabei ist zu klären, was alles bisher schon versucht wurde. Damit wird der Lösungswille aller Beteiligten wertgeschätzt. In der Zielformulierung sollte berücksichtigt werden, was realistisch und wirklich veränderbar ist und was nicht. Hilfreich ist auch die Frage, wer die Veränderung wünscht. Dabei sollte das Kind in seiner Entwicklung im Mittelpunkt stehen.

Die Eltern von Maja sind sehr liebevoll, fürsorglich und behütend. Da Maja ihr erstes Kind und erst ein Jahr alt ist, sind sie gleichzeitig etwas unsicher. Sie haben nun einen Platz in einer sehr beliebten Krabbelgruppe ergattert und die Leiterin Frau Degen erläutert ihnen den Tagesablauf: »Unser Kindergarten ist von 7.30 Uhr bis 15.00 Uhr geöffnet, an fünf Tagen in der Woche.« Schon während der ersten Woche bemerkt sie jedoch, dass die Eltern bedrückt oder belastet erscheinen, kann aber keinen Grund erkennen. Im ersten Elterngespräch fragt sie nach und es stellt sich heraus, dass ein Missverständnis vorliegt. Die Eltern wünschen gar keine Betreuung an fünf Tagen und auch nicht bis 15 Uhr. Sie hatten die Einführung so verstanden, dass diese Zeiten verpflichtend seien. Frau Degen kann sie beruhigen, dass eine individuelle Lösung möglich und schnell zu finden ist.

Wenn Sie Maßnahmen vereinbaren, sollten diese als »smarte Ziele« formuliert sein. Damit ist gemeint, dass Maßnahmen sehr konkret, ganz aktuell und realistisch und in einem festen Zeitrahmen geplant werden.

Je genauer und eindeutiger Sie die Ziele formulieren, umso eher sind sie auszuhandeln, für alle verständlich und hinterher nachprüfbar. Daher empfehle ich den Begriff der smarten Ziele. SMART ist dabei die Abkürzung für: spezifisch, messbar, aktionsfähig/attraktiv, realistisch und terminiert. Setzen Sie also ganz konkrete und umsetzbare Ziele mit Datum zur Erledigung.

Die Sozialpädagogin Frau Freising bemerkt, dass das Verhältnis zu den Eltern von Leon sich schon länger verschlechtert hat. Ihren Eindruck hat sie schon im ersten Elterngespräch in diesem Schuljahr angesprochen. Die Eltern schreiben ihr öfter Mitteilungen ins Merkheft zu den Hausaufgaben von Leon, über die sie sich ärgert. Leon weicht den Hausaufgaben aus und lässt Arbeitsblätter für Hausaufgaben manchmal verschwinden. Beide Seiten waren sich schon im letzten Gespräch einig, dass die Kooperation wieder besser werden soll. Konkrete Ziele wurden nicht formuliert. Im Folgegespräch mit den Eltern wünscht sich Frau Freising ganz konkrete Absprachen, was beide Seiten tun werden, wenn es Schwierigkeiten mit den Hausaufgaben gibt. Sie vereinbart mit den Eltern ein Tür-und-Angel-Gespräch für jeden Freitag. Diese Absprache ist so konkret, dass sie von beiden Seiten leicht einzuhalten ist. Nach einigen Wochen gelingt es wieder deutlich besser, Leon bei den Hausaufgaben zu unterstützen und dabei zu kooperieren.

## 3.8  Verabschiedung – zu einem guten Ende kommen

Gerade wenn im Gespräch gemeinsam das weitere Vorgehen erarbeitet wurde, ist es wichtig, die Verabredungen zumindest stich-

punktartig festzuhalten. Legen Sie fest, wie die verabredeten Maßnahmen kontrolliert werden. Denkbar sind Rückmeldungen durch
Telefonanrufe, Erinnerungsmails oder persönliche Ansprache. Für
manche Gespräche gilt auch Berichtspflicht, wie zum Beispiel in der
Planung der Förderung.

Es erleichtert die Arbeit, wenn Sie in Ihrer Institution schon einen
vorgefertigten Protokollbogen verwenden. Lesen Sie das Protokoll
am Ende noch mal vor. Wiederholen Sie die getroffenen Vereinbarungen und wer jeweils dafür zuständig ist. Manchmal ist es sinnvoll, wenn alle Beteiligten unterschreiben. Wichtig zu wissen: In
manchen, weniger schriftorientierten Kulturen ist es allerdings eine
große Hürde, ein Dokument zu unterschreiben. Dann sollten Sie
nicht darauf bestehen.

Wenn Eltern mit Sorge oder mit Bedenken in das Gespräch
gestartet sind, ist es wichtig, am Ende nachzufragen. Sie können
die Zufriedenheit oder auch die negativen Gefühle skalieren lassen.
Wenn das Gespräch zur Zufriedenheit gelaufen ist, ist es eine Unterstützung, diese Verbesserung auch formulieren zu lassen. Würdigen
Sie den Erfolg, gemeinsam etwas erreicht zu haben!

Wenn Sie bemerken, dass die Eltern belastet zu Ihnen ins Gespräch kommen, ist es eine wirksame Methode der Unterstützung,
Ihnen Komplimente zu machen. Damit ist gemeint, positive Beiträge, Kooperationsbereitschaft und Veränderungswillen zu erkennen
und ähnlich wie bei einem Cheerleading (→ Kapitel 5.6) positiv zu
verstärken. Benennen Sie wahrgenommene Ressourcen aus dem Gespräch ganz konkret. Das kann für Eltern sehr unterstützend und
stärkend wirken. Und starke, positiv gestimmte Eltern können ihr
Kind besser unterstützen. Gleichzeitig stärkt es die Beziehungsebene
zwischen Eltern und Pädagogen.

Schließlich sollten Sie schon jetzt festlegen, wann das nächste
Gespräch stattfinden soll. Der Rhythmus der Gespräche sollte genügend Zeit für eine Entwicklung lassen. Aber das Gespräch sollte zeitlich nah genug liegen, um Erfolge zu überprüfen. Manchmal ist dafür
eine Überprüfung nach zwei Wochen notwendig. In vielen Fällen
reichen vierteljährliche Gespräche aus.

## 3.9  Nachbereitung des Gespräches

Nun haben Sie sich auf das Gespräch intensiv vorbereitet und es engagiert durchgeführt. Sicher beschäftigt Sie dieses Gespräch auch hinterher noch eine Weile. Hier sind einige Fragen, die Sie zur Reflexion des Gespräches nutzen können:

- ✔ *Wie haben Sie sich während des Gespräches gefühlt?*
- ✔ *Wie zufrieden sind Sie mit Ihrer Gesprächsführung?*
- ✔ *Was vermuten Sie: Wie haben die Eltern sich gefühlt?*
- ✔ *Haben sich alle Personen am Gespräch beteiligt?*
- ✔ *Wo stehen sie nun miteinander auf der Beziehungsebene?*
- ✔ *Wann waren Sie neutral und wann beteiligt?*
- ✔ *Wünschen Sie sich ein Feedback von Kolleginnen oder den Eltern?*
- ✔ *Wie zufrieden sind Sie auf der sachlichen Ebene mit den getroffenen Vereinbarungen?*
- ✔ *Wann hätten Sie Zeit sparen können oder noch mehr Zeit gebraucht?*
- ✔ *Was ist Ihnen im Gespräch gut gelungen?*
- ✔ *Was war zu viel oder was hat gefehlt?*
- ✔ *Was nehmen Sie sich für weitere Gespräche vor?*
- ✔ *Wann sollte das nächste Gespräch stattfinden?*

Zur Nachbereitung gehört auch die Umsetzung der getroffenen Vereinbarungen. Eventuell sind Fachaufgaben zu erledigen oder Protokolle zu verschicken. Ebenfalls schließt sich eine weitere Beobachtung oder Diagnostik an, die in einen neuen Termin für ein weiteres Gespräch einfließen. Auch für die Aufgaben, die Eltern übernommen haben, empfiehlt sich eine Ergebniskontrolle.

●▶ Übung  Sie können sich gleichzeitig während des Gespräches selbst einen Beobachtungsauftrag geben. Wählen Sie vorher einen Aspekt des Gespräches, den Sie beobachten wollen. Das kann beispielsweise das Zeitmanagement, Ihre Körpersprache oder das *Joining* sein. So können Sie Ihre Kompetenzen in Gesprächsführung stetig erweitern.

# Teil B

**Elterngespräche – mittelschwer**

**TEIL B** Nun haben Sie gelernt, einen guten Einstieg zu finden und kennen den systemischen Ansatz etwas besser. In diesem Teil lernen Sie weitere verschiedene systemische Lösungsansätze für Elterngespräche kennen. Sobald Sie sich in den Grundlagen sicherer fühlen, können Sie sich einen für das nächste Gespräch passenden Ansatz heraussuchen. Sie lernen am besten durch Ausprobieren …

# 4 Lösungsansatz: Das möchte ich besser verstehen!

Es gibt verschiedene Ansätze für die Lösung »mittel-«schwerer Probleme in Gesprächen. Ein sehr vielfältig einsetzbarer und vielversprechender Ansatz ist, gute Fragen zu stellen. »Systemische Berater nehmen deshalb die Haltung des ›Nichtwissens‹ [...] oder der ›respektvollen Neugierde‹ [...]« (Herrmann u. Hubrig, 2010, S. 78) ein.

Daher ist den »guten« Fragen hier ein eigenes Kapitel gewidmet. Funcke und Rachow (2016) nennen sie »die gute Freundin auf dem Weg zur Veränderung« (S. 10). Fragen setzen voraus, dass Sie wirklich ehrlich neugierig sind auf die Gefühle und Mitteilungen anderer. Sie sollten diese Fragen nur einsetzen, wenn Sie für die Antwort offen sind. Sie als Pädagogin sind in manchen Bereichen auch Nichtwissende, und können mit Ihren Fragen Eltern auf empathische Art die Möglichkeit eröffnen, das Gespräch mitzubestimmen. Bedenken Sie bitte, wer fragt, führt. Sie geben mit Ihren Fragen nicht nur die Richtung des Gespräches vor, Sie bringen auch mit der Art zu fragen zum Ausdruck, wie Sie zu Ihrem Gegenüber stehen. Die Eltern sollen sich nicht wie bei einem polizeilichen Verhör fühlen oder ausgefragt werden. Günstig ist es also, tatsächlich neugierig zu sein auf die Welt der Eltern und ihre Sicht darauf. So kann der Pädagoge eine Haltung des Nicht-Wissens einnehmen, die auch fragende Haltung genannt wird. Dazu gehört, eigene Sichtweisen und Annahmen über die Eltern, über die Schüler, über das Problem als echte Vermutungen (Hypothesen) aufzustellen. Vermutungen können sich als wahr oder aber falsch herausstellen. Sollten sie sich als falsch herausstellen, können Sie sie hinterher korrigieren. In der Rolle der Moderation sind Sie also persönlich mittendrin, aber auch gleichzeitig beobachtend am Rand und Raum gebend für Überraschendes oder Neues. Gute Fragen zu stellen, erfordert auch das Vertrauen in die Fähigkeiten der Eltern und in die gemeinsame

Kompetenz derjenigen, die am Gespräch teilnehmen. Nur dann können Sie gemeinsam mit den Eltern einen Weg beschreiten, auf dem zusammen eine Lösung erarbeitet wird. Wenn Sie eine Frage gestellt haben, sollten Sie genügend Bedenkzeit lassen. Auch daran erkennt Ihr Gegenüber, ob die Frage ernst gemeint war oder ob Sie nur auf ein Stichwort warten.

Häufig werden Fragen nach offenen und geschlossenen Fragen unterschieden. Dabei lassen offene Fragen mehr Spielraum für eine ausführlichere Antwort, während geschlossene Fragen eine spezifische Antwort oder ein einfaches Ja oder Nein erwarten lassen. Ich unterscheide zwischen Fragen, die das Problem erörtern und Fragen, die zum Reflektieren und Lösungen finden anregen. Besonders wichtig sind hierbei zirkuläre Fragen, die in der systemischen Beratung eine der wichtigsten Interventionsmethoden darstellen. Sie dienen zugleich der Problemdiagnostik als auch der Einleitung von Veränderung. Außerdem lassen sich Fragen unterscheiden, die zurückweisen oder in die Zukunft zeigen.

## 4.1 W-Fragen oder offene Fragen

Eltern, die mit einem Problem ihres Kindes konfrontiert sind, sind häufig stark persönlich betroffen. Schnell können bei ihnen auch Ängste, Schuld- oder Schamgefühle geweckt werden. Daher kommt es auch in Elterngesprächen häufiger vor, dass ein Problem nicht klar gesehen wird oder übermächtig erscheint. Man spricht auch von einem Problemnebel oder einer Problemtrance, wenn das Problem sehr ausufernd empfunden wird und außerhalb des Problems andere positive Aspekte nicht mehr wahrgenommen werden. Um ein Problem zu definieren und zu analysieren, sind daher einfache W-Fragen hilfreich. Wer macht was, wann, warum? Seit wann, mit wem und auf welche Art? Wer macht was nicht und was machen die anderen? Durch einfache W-Fragen werden auch Eltern eingeladen, die sonst weniger sprechen. Insbesondere wenn Elternteile schüchtern oder im Gespräch gehemmt erscheinen, ist es unterstützend, mit einfachen Fragen zu beginnen. Es ist eine gute Möglichkeit, Eltern in das Gespräch einzuladen. Dann sollten die Fragen so einfach, so kurz und konkret wie möglich sein. Diese Form des genauen Fragens dient auch der Klärung, wie das Problem von den Eltern gesehen wird. Das Problem wird definiert.

## 4.2 Zirkuläre Fragen

Zirkuläre Fragen werden in der Fachliteratur so beschrieben: Gefühle und ihre Äußerungen werden nicht nur innerlich erlebt, sondern wirken im gesamten System (Familie, Schule, Klasse, …). Sie sind eine Reaktion auf das Erlebte und bringen bei allen Beteiligten wieder neue Reaktionen hervor. Zirkuläre Fragen sollen dabei den gesamten Kontext in die Betrachtung eines Problems einbeziehen.

Nach meiner Erfahrung öffnen zirkuläre Fragen den Raum, in dem das Problem von verschiedenen Seiten betrachtet wird. Sie beziehen Kontext und Sichtweisen anderer Personen mit ein und machen damit deutlich, wer oder was auf das Problem einwirkt. *Was denken Sie, was empfindet ihr Mann, wenn ihre Tochter weint?* Damit wird das gesamte System in den Blick genommen. Das Problem wird nicht mehr als ein individuelles und isoliertes Problem betrachtet, sondern so ganzheitlich wie möglich herausgearbeitet.

### 4.2.1 Tänze um das Problem

Bei diesen Fragen geht es darum, herauszufinden, was das genaue Problem ist und in welchem Kontext es steht. Hier soll Klarheit hergestellt werden, wem es worum geht. Also finden Sie hier gemeinsam heraus, wann das Problem auftritt, was dem vorausgeht, wie es genau abläuft und wen es am meisten stört. Je genauer Sie gemeinsam das Problem erörtern, umso besser können Lösungsideen entstehen.

- ✔ *Worin besteht das Problem?*
- ✔ *Wann tritt es auf und wann nicht?*
- ✔ *Wen stört es, wen stört es nicht?*
- ✔ *Was sagt der andere Elternteil, der Rest der Familie?*
- ✔ *Wie reagiert der Vater, wenn ihr Sohn …?*

### 4.2.2 Tratsch über Anwesende

Eine besondere Form der zirkulären Fragen ist der sogenannte »Tratsch über Anwesende«. Dabei wird über das Verhalten anwesender Personen mit den anderen Beteiligten gesprochen. Es ist so, als würde diese Person an der Tür lauschen und hören, was andere über ihr Verhalten denken. Das geschieht in respektvoller Weise, kann aber trotzdem zu neuen und manchmal schmerzhaften Erkenntnissen führen. Dazu gehört für mich auch das Vermuten über Gedanken anderer. Hier einige Beispiele.

✔ *Wie geht es Ihnen, wenn Ihr Sohn bei den Hausaufgaben aggressiv wird? (wenn der Sohn am Gespräch teilnimmt)*
✔ *Was sagt deine Mutter zu deinem Bruder, wenn er so schlechte Noten nach Hause bringt?*
✔ *Was denkt Ihr Mann, wenn Ihre Tochter alleine in den Hort geht?*

### 4.2.3 Fragen zu Unterschieden und Vergleichen

Besonders informativ sind auch Fragen zu Unterschieden innerhalb der Familie oder zu Vergleichen. Diese Unterschiede in der Perspektive oder Bewertung einer Situation sind auch für die Anwesenden aufschlussreich. Darüber hinaus können sich daraus auch Ansätze ergeben, dass man das versprochene Problem tatsächlich unterschiedlich sehen kann. Das führt oft zu ersten Lösungsideen:

✔ *Wer hat größere Befürchtungen zur Einschulung Ihres Kindes?*
✔ *Wann treten die Bauchschmerzen Ihres Kindes morgens auf und wann nicht?*
✔ *Wer freut sich am meisten über eine gute Note in der nächsten Mathearbeit?*

Hilfreich zur Einschätzung – auch für die Person selbst – sind Skalierungsfragen. Sie zeigen Entwicklungen im Gespräch auf, wenn man Gefühle zu einem Problem zu Beginn und am Ende des Gespräches skalieren lässt, und verschaffen Klarheit.

✔ *Auf einer Skala von 1 bis 10, wie schwer ist es Ihnen gefallen, herzukommen?*
✔ *Auf einer Skala von 1 bis 10, wie sehr stört Sie das Schule-schwänzen Ihrer Tochter?*

✔ *Auf einer Skala von 1 bis 10, wie hilfreich war die zusätzliche Förderung durch …?*

✔ *Zu wie viel Prozent halten Sie es für möglich, dass Ihr Sohn sich verbessern kann?*

## 4.2.4 Lösungsorientierte Fragen – Fragen zur Verbesserung und zur Verschlimmerung

Die bisher beschriebenen Fragen können nach meiner Erfahrung gut helfen, besser zu verstehen, was genau geschieht und wer wo steht. Oft entstehen dabei schon erste Lösungsideen und viele der Gefragten fühlen sich angenommen und/oder verstanden, wenn sie so intensiv gefragt werden. Es gibt aber auch Fragen, die noch stärker helfen, Lösungen zu konstruieren, ohne sie vorzugeben, die lösungsorientierten Fragen. Es ist einleuchtend, dass man mit diesen Fragen nicht beginnen kann. Aber wie im → Kapitel 3.3 Zeit und Gesprächsrahmen beschrieben, ist es wichtig, die Beschreibung eines Problems nicht zu raumgreifend werden zu lassen. Nur wenn rechtzeitig Überlegungen zu Lösungen angestellt werden, können neue kreative Ideen entstehen und entsprechende Vereinbarungen getroffen werden. Manche dieser Fragen erscheinen auch auf positive Weise absurd, sodass oft die Gefragten darüber lächeln. Das hilft, das Gespräch zu entspannen.

✔ *Wie erklären Sie sich das Problem?*

✔ *Wie erklären Sie sich, dass es jetzt erst/dann nicht/nur bei … auftritt?*

✔ *Was hat bisher geholfen? Was wirkt am besten?*

✔ *Wer hat geholfen?*

✔ *Wann klappt es besser?*

✔ *Was machen Sie anders an den Tagen, an denen es besser klappt?*

✔ *Was muss das Kind tun, um das Problem zu verschlimmern?*

✔ *Wie können sie Ihrem Kind dabei helfen, dass das Problem nicht noch schlimmer wird?*

✔ *Wie könnte Ihr Kind so richtig unglücklich werden?*

✔ *Angenommen das Problem besteht nächstes Jahr nicht mehr, wie könnten Sie es wieder hervorrufen?*

## 4.2.5 Die Wunderfrage

Insbesondere dann, wenn es schwerfällt eine Lösung zu konstruieren oder Positives an einer Situation zu finden, kann die Wunderfrage helfen. Es hilft, die Möglichkeit einer Änderung in Betracht zu ziehen. Dadurch kann sich die Hoffnungslosigkeit in einer Situation verändern.

✔ *Wenn das Problem wie durch ein Wunder über Nacht plötzlich verschwinden würde: Woran würden Sie das erkennen?*

Dabei ist es wichtig, genau zu erfragen, wie die Welt nach diesem Wunder aussieht.

✔ *Wer würde es als Erstes merken?*
✔ *Was würden Sie anders machen?*
✔ *Was würden die Menschen um Sie herum anders machen?*
✔ *Wie würde sich das anfühlen?*
✔ *Wer wäre am meisten überrascht?*

Nach dieser strukturierten Darstellung von unterschiedlichen Fragen möchte ich Ihnen in Anlehnung an das Buch »Was ist eigentlich Ihre Lieblingsfrage?« (Funcke u. Rachow, 2016) noch als Impuls einige Fragen unsortiert vorstellen, ganz nach A. von Schlippe und Schweitzer (2016) als Impuls zum »schöner Fragen«.

## 4.2.6 Weiterführende Fragen

Häufig ist man selbst als Pädagogin so involviert oder in einem oft genutzten Gesprächsschema in der eigenen Spontaneität eingeschränkt. Es hilft dann, sich gute Fragen schon vor dem Gespräch zu notieren. Eine davon ist die Was-noch-Frage. Wenn Sie ein Thema tiefergehend beleuchten möchten und nicht nur die offensichtlichen Aspekte besprochen werden sollen, eignet sich die Frage. Man kann sie auch mehrmals stellen:

✔ *Was machen Sie gern gemeinsam mit ihren Kindern? Was noch?*
✔ *Was liegt Ihrem Kind besonders? Und was noch?*

✔ *Was wünschen Sie sich von der neuen Integrations-Assistenz?*
*Was noch? Und was noch?*

Hier sind weiterführende Fragen, die ich in sehr verschiedenen Gesprächen hilfreich finde. Sie alle eignen sich gut zum Üben, da sie einem häufig nicht spontan einfallen, wenn man sie braucht.

✔ *Mit welchen Gefühlen sind Sie hergekommen?*
✔ *Verstehe ich Sie richtig, dass ...?*
✔ *Ich höre heraus, dass ...?*
✔ *Was würde geschehen, wenn ...?*
✔ *Was brauchen Sie/das Kind, um ...?*
✔ *Inwiefern?*
✔ *Können Sie mir auf die Sprünge helfen?*
✔ *Haben Sie ein solches Problem schon mal gelöst?*
✔ *Was fangen wir jetzt damit an?*
✔ *Woran sollen wir weiterarbeiten?*
✔ *Sind Sie damit einverstanden?*
✔ *Was genau gefällt Ihnen nicht daran?*
✔ *Können Sie damit leben?*

Die letzten Fragen legen schon nahe, dass man sich auch verabschieden kann, wenn man nicht zu einer einhelligen Lösung gelangt ist. Hilfreich sind dann Probezeiten oder Kompromisslösungen, von denen sich trotzdem beide Seiten einen Gewinn versprechen.

# 5 Lösungsansatz: Aktives Zuhören und Spiegeln

## 5.1 Körpersignale

Aktives Zuhören bedeutet mehr als nur mit den Ohren zu hören. Gemeint ist ein Zuhören bei dem der ganze Körper und der Geist involviert sind. Das erkennt das Gegenüber am Blickkontakt, an der zugewandten Körperhaltung und an kleinen Bestätigungen durch Gesten oder Geräusche. Dadurch wird dem Elternteil vermittelt, dass der Pädagoge ganz bei ihm oder bei ihr mit seiner Aufmerksamkeit ist. Das wirkt ermunternd und lädt zum Sprechen ein. Aktives Zuhören schließt auch die Beobachtung von Signalen mit ein. Nehmen Sie Signale wie Kopfschütteln, Lächeln, Zurückweichen mit auf und fragen Sie nach:

- ✔ *Sie lächeln?*
- ✔ *Ich habe gesehen, dass deine Eltern genickt haben. Also stimmen Sie zu?*
- ✔ *Du schüttelst den Kopf, was meinst du?*

Körpersignale können ein Ausdruck unbewusster Gefühle sein. Wenn Sie Gesprächsteilnehmer darauf ansprechen, sollte dies wertschätzend und achtsam geschehen.

## 5.2 Türöffner und Eisbrecher

Manche Fragen laden mehr ins Gespräch ein als andere. Sie vermitteln deutlich, dass uns interessiert, was Eltern oder andere sagen möchten. Sie können geschlossen gestellt werden oder ganz offen, je nach Situation (→ Kapitel 3.2, Joining). Ebenso hilfreich können zum Einstieg aber auch Visualisierungen genutzt werden, um einen gemeinsamen Fokus auf eine Fragestellung oder ein Thema zu legen (→ Kapitel 7, Visualisierung als Strategie).

> Tarik hatte große Schwierigkeiten in der Schule. Er war in so große Konflikte verwickelt, dass das pädagogische Team gemeinsam mit den Eltern beschloss, ein neuer Anfang in einer anderen Schule könnte für ihn eine große Chance sein. Nun sollte das Abschlussgespräch mit der Schulleiterin der neuen Schule stattfinden. Die Eltern wünschten zwar den Schulwechsel, sahen aber die Klassenlehrerin als Ursache für einen Großteil der Probleme von Tarik. Die Klassenlehrerin Frau Bechtold bereitete sich auf das Gespräch gut vor. Sie wollte Tarik einen guten Übergang ermöglichen und sich nicht in fruchtlose Diskussionen mit den Eltern verstricken. Sie fasste den schulischen Werdegang von Tarik von der Vorklasse bis zur vierten Klasse und die erfolgten Maßnahmen kurz und knapp auf Karten zusammen. Damit begann sie das Gespräch, und konnte gleichzeitig die neue Schulleiterin über den Hergang informieren. Die Eltern erkannten zumindest teilweise die großen Bemühungen, die Frau Bechtold für Tarik unternommen hatte.

## 5.3  Wiederholung – Das habe ich verstanden

Als unterstützend werden empathische Reaktionen der Zuhörenden empfunden. Wenn Sie versuchen, sich in die Situation Ihres Gegenübers zu versetzen, seine Gefühle, Gedanken oder Motivationen nachzuempfinden, wird es Ihnen besser gelingen, sich auf Ihr Gegenüber einzustellen. Sie können Ihre Wahrnehmung in Worte fassen wie »Sie sind der Meinung, dass …« oder »Sie sehen das so, dass …«, »Ich habe Sie so verstanden, dass …«. Versuchen Sie dabei tatsächlich, ein Stück der Welt der Eltern zu begreifen, als würden Sie in deren Schuhen gehen (»walking a mile in my moccasins«, indianisches Sprichwort).

Dieses Benennen drückt gleichzeitig Toleranz und Wertschätzung aus, weil es die Einschätzungen und Wahrnehmungen Ihres Gegenübers akzeptiert und stehen lässt. Das führt zu weniger Verteidigungshaltung und zu mehr Vertrauen auf der anderen Seite. Gleichzeitig hilft es zur Klärung, ob man sich tatsächlich richtig verstanden hat. Das können Sie in kleinen Schritten üben. Dabei ist es wichtig, dass Sie auch in Ihren Gefühlen und Äußerungen echt bleiben: Was vermittelt Ihr Gesicht, Ihre Körperhaltung, Ihr Tonfall dem Gegenüber? Sie müssen zum verbalen Ausdruck passen, nur dann sind Sie kongruent (deckungsgleich) in Ihrem Verhalten. Sie können inhaltlich anderer Meinung sein und trotzdem ein Interesse an der Meinung der Eltern zum Ausdruck bringen. Ganz im Sinne von: »Ach, so sehen Sie das. Das ist interessant …«

Frau Neumann kennt Friedemann als ruhigen Schüler, der allerdings andere Kinder subtil provozieren kann und dann nicht versteht, wenn andere wütend reagieren. Schon öfter hat sie Gespräche mit der Mutter geführt. Frau Schulz kommt aufgelöst zum Elterngespräch und berichtet der Lehrerin: »Friedemann kommt regelmäßig mit blauen Flecken aus der Schule nach Hause. Er wird auf dem Nachhauseweg geschubst und manchmal auch geschlagen. Ich verstehe nicht, warum die anderen Kinder das tun! Das ist doch gemein! Er tut doch niemandem was!« Die Lehrerin fasst zusammen: »Sie sind besorgt. Sie wünschen sich, dass Friedemann sicher nach Hause kommt. Das kann ich gut verstehen.« Frau Schulz nickt. »Lassen Sie uns gemeinsam schauen, was da genau passiert.«

## 5.4  Spiegeln

Eine einfache Technik des aktiven Zuhörens ist das Spiegeln des Gesagten wie eine Art Echo. Dabei werden Sätze oder Satzteile einfach wiederholt. Das lädt ein, das Gesagte zu verdeutlichen, auszuführen oder auch zu hinterfragen. Entscheidende Aussagen können betont werden:

- ✔ *Paula macht nie Hausaufgaben …*
- ✔ *Bei Herrn Becker klappt es besser mit dem Aufpassen …*
- ✔ *Ihr Mann sieht das anders …*
- ✔ *Sie wissen nicht mehr weiter …*

Auch Gesten oder Körpersignale können gespiegelt, also genauso übernommen werden. Durch eine gespiegelte Körperhaltung entsteht im positiven Fall ein Gefühl von Übereinstimmung. Abwehr-haltungen und sehr verschlossene Haltungen sollten Sie nicht spiegeln, das führt nicht zur Entspannung im Gespräch.

## 5.5 Schweigen

Schweigen ist ein sehr machtvolles Mittel und erfahrungsgemäß eines, das Pädagoginnen sehr schwerfällt. Insbesondere wenn Sie eine wichtige Frage gestellt haben, sollte den Eltern genügend Zeit eingeräumt werden, um sich gut zu besinnen. Das können Sie auch einleiten, indem Sie es ankündigen: »*Ich gebe Ihnen jetzt etwas Zeit, um zu überlegen, welches Thema wir zuerst besprechen sollten.*«

Auch wenn schwierige Themen angesprochen werden sollen oder die Eltern etwas auf dem Herzen haben, kann Schweigen sehr gewinnbringend sein. Dann wird das Gegenüber ermuntert und findet manchmal besser in einen eigenen Redefluss und kommt teilweise auf eigene Ideen. So wie in der Geschichte von dem kleinen Mädchen Momo von Michael Ende (1973), das so gut zuhören konnte.

Frau Benadou erschien abgehetzt und etwas bedrückt zum Elterngespräch. Sie stockte in den ersten Sätzen und schien nicht genau zu wissen, wie sie anfangen sollte. Frau Steinmeier kam ihr entgegen: »Frau Benadou, sie scheinen bedrückt zu sein. Gibt es etwas, dass sie mir erzählen möchten?« Sie antwortete: »Ich weiß nicht genau, wo ich anfangen soll …« Frau Steinmeier nickte und schwieg. »Also mein Mann denkt, wir sollten wieder zurück nach Marokko gehen …« »Hmm.« »Aber ich bin nicht sicher, ob das gut für die Kinder ist …« Die Lehrerin schwieg weiter. »Ich weiß auch nicht genau, was ich machen muss, um die Kinder abzumelden …« Die Lehrerin nickte. »Und wenn wir uns später anders entscheiden sollten und doch zurückkommen, ob dann noch ein Platz in der Klasse ist für meine Tochter … Darf man das überhaupt, dass man es erstmal ausprobiert? Können Sie mir helfen?«

Durch ihr geduldiges Zuhören ermunterte Frau Steinmeier die Mutter, weiterzusprechen.

●▶ **Übung** Folgende Fragen können Sie zur Reflexion nutzen, wenn Sie das Schweigen im Gespräch als zielführende Methode des Zuhörens üben wollen:

✔ *Wie lange dauert das Schweigen?*
✔ *Wem wird es zuerst unangenehm, und wer bricht das Schweigen?*
✔ *Was hat es bewirkt?*

Auch wenn Sie selbst in einem Gespräch nicht weiterwissen, ist es sehr ratsam, eine Pause einzulegen und sich zu besinnen. Manchmal ist es dafür hilfreich, das Gespräch für fünf Minuten zu unterbrechen. Wenn das inhaltlich schwierig erscheint, an der Stelle zu unterbrechen, hilft immer die altbekannte Ausrede, kurz zur Toilette zu gehen.

Schweigen kann jedoch auch, gerade wenn Sie inhaltlich anderer Meinung sind, wie eine Waffe empfunden werden. Dann ist es ein ungemütliches Schweigen, das nicht zu neuen Ideen beiträgt. In diesem Fall lesen Sie bitte im → Kapitel 11.1.3 weiter.

## 5.6 Cheerleading und Komplimente

Positive Signale können im Gespräch Türen öffnen. Insbesondere Eltern, die sich unsicher sind oder die sich als wenig erfolgreich mit ihrem Kind erleben, profitieren von dieser Verstärkung. Besonders dann, wenn in der Beratung oder im gemeinsamen Prozess mit dem Kind erste Erfolge und Verbesserungen erzielt wurden, kann das Cheerleading eingesetzt werden. Dabei werden erste positive Schritte hervorgehoben und vergrößert, damit sie von allen Beteiligten erkannt und entsprechend gewürdigt und fortgesetzt werden können. Wenn Eltern oder andere sich in einer Problemtrance befinden, können sonst positive Entwicklungen und erste Ansätze in die richtige Richtung verpasst werden, wenn sie nicht benannt werden. Das Cheerleading ist – so wie die Cheerleader beim Sport – dazu da, anzufeuern, zu motivieren und zu begeistern, um die Anstrengungen einer Veränderung auf sich zu nehmen und an die Lösung zu glauben. Mir fällt dazu immer die Kindersendung von Bob, dem Baumeister, ein, der seine Bauarbeiter vor schwierigen Aufgaben fragte: »Können wir das schaffen?« Und alle antworteten: »Ja, wir schaffen das!« So ähnlich kann man sich das Cheerleading im Beratungsgespräch vorstellen. Hier ein Beispiel:

> Frau Hagner hat schon seit längerem Mühe mit ihrer Klasse. Sie scheint erschöpft und ideenlos, wie sie mit den Störungen in der Klasse umgehen kann. Vereinzelt kamen schon Beschwerden von Eltern, die den Ton gegenüber Schülern und Schülerinnen unangemessen fanden. Frau Hagner würde ja ständig nur noch schimpfen. Schulleiter Hauber hat schon mehrere Gespräche mit ihr geführt. Nun nach den Osterferien sitzt Frau Hagner im Lehrerzimmer und strahlt. Sie berichtet von einem schönen Erlebnis mit ihrer Klasse: »Wir haben kleine Schuhkartons genommen und als Lesekiste zu unserem Buch gestaltet. Das war so eine schöne Stunde!« Herr Hauber: »Das ist ja toll! Wie kam denn das?« »Ach, ich hatte mich entschieden, endlich mal wieder das zu machen, was ich gut kann. Nämlich Kunst mit Kindern zu machen.« »Wow, das hat ja gut geklappt! Und die Kinder haben das gut angenommen?« »Ja, die Kinder hatten sehr viel Spaß dabei und es war auch gar nicht laut!« »Toll, das ist ja richtig gut gelaufen! Und wie geht es jetzt weiter?« »Jetzt überlege ich, ob wir den Eltern die Lesekisten mal zeigen …«

Auch Kinder können von so einer starken positiven Rückmeldung sehr profitieren. Der Fokus bleibt bei dieser Form länger auf den positiven Aspekten als auf den problembehafteten, sodass kleine Erfolgserlebnisse abgespeichert werden. Wenden Sie diese Form nur an, wenn Sie es genießen können, den kleinen Erfolg zu feiern. Wenn Sie dabei nicht überzeugt sind, würde das Cheerleading nicht glaubwürdig wirken.

Komplimente können ebenfalls sehr wirkungsvolle positive Signale sein, wenn Sie konkret eingesetzt werden. Dabei geht es genau wie beim Cheerleading um positive Signale, die Vertrauen in die Entwicklung geben können.

> Herr Behrent führt regelmäßig Gespräche mit Samira, die öfter Streit mit den anderen Mädchen hat. Sie ärgert sich oft über Kleinigkeiten und reagiert impulsiv. Heute hatte ihr Sophia die Schere weggenom-

men, aber Samira blieb ruhig. Herr Behrent nutzt die Gelegenheit, um Samira ein Kompliment zu machen: »Ich freue mich, dass du heute so ruhig und so besonnen warst. Das hast du ganz besonders gut gemacht! Ich glaube fest daran, dass du es schaffst, immer besser ruhig zu bleiben und zu sagen, wenn dich etwas stört.« Samira freut sich über das Lob!

Das Cheerleading orientiert sich nach Schwing und Fryszer (2013, S. 307) an vier grundsätzlichen Aspekten, dabei kann die Reihenfolge variieren:

1. Wie kam es zu der neuen Entwicklung?
2. Wie hast du das gemacht? Wer war dabei? Wie haben die anderen reagiert?
3. Wodurch war das möglich?
4. Lob, Anerkennung des ganz konkreten Erfolges, Vergrößern des Wachstumsschrittes

Jamie ist etwas über ein Jahr alt. Die Erzieherin Frau Gabriel kennt die Familie schon einige Zeit. Sie weiß, dass die Schwangerschaft und Geburt nicht einfach waren. Jamie ist ein ausgesprochen hübsches Kind, das alle süß finden. Allerdings kann er noch kaum Grenzen einhalten: Er schmiert an die Wände, klettert auf Tische und nimmt die Dinge der Erzieherin, auch wenn sie Nein sagt. Frau Gabriel beobachtet in den Hol- und Bringsituationen, dass insbesondere die Mutter sehr verliebt in ihr Kind scheint und seine Aktivitäten belächelt, süß findet und emotional belohnt. Im nächsten Elterngespräch benennt Frau Gabriel neben seiner guten motorischen Entwicklung auch die Dinge, die ihr im Alltag auffallen. Die Eltern berichten auf ihre Fragen ähnliche Situation von zu Hause und sind sichtlich angestrengt. Frau Gabriel vergewissert sich, ob die Eltern einen Rat wünschen. Gemeinsam wird ein kleines Ziel für die nächsten zwei Wochen festgelegt: Jamie soll lernen, unterhalb des Tisches zu spielen. Nach zwei Wochen treffen sich Eltern und Frau Gabriel erneut: Sie freuen sich gemeinsam an den ersten Erfolgen: Jamie hat akzeptiert, dass oben auf dem Tisch nicht der richtige Platz zum Spielen ist. Nach zwei Tagen mit Protesten ging es schon ganz gut. Frau Gabriel lobt die Eltern explizit für ihr Durchhaltevermögen. Nun wollen sie das nächste kleine Ziel ins Auge fassen.

# 6 Lösungsansatz: mit anderen Worten

In diesem Kapitel beschäftigen wir uns intensiv mit der Kommunikation. Was könnten Sie jetzt sagen oder fragen, und was davon wäre hilfreich? Hier sind einige Methoden, die Sie sich kurz notieren können, um sie im Gespräch auszuprobieren.

## 6.1 Die Macht der Protokolle – oder gemeinsame Moderation

Häufig müssen in Einrichtungen Berichte und Protokolle geschrieben werden, wie Entwicklungsberichte, Förderpläne oder Gesprächsprotokolle. Die Arbeit daran erscheint oft als zusätzlicher Aufwand, der nicht immer im angemessenen Verhältnis zum Ergebnis des Gespräches steht. Ich nutze Gesprächsprotokolle trotzdem sehr gerne. Sie eignen sich nicht nur zur Dokumentation, die in eine Akte geheftet werden. Ich sehe darin weitere große Vorteile: Die Protokolle werden in Absprache mit allen Anwesenden verfasst. So ist einerseits sichergestellt, wer was tun wird, welche Absprachen gelten, andererseits einigt man sich so auf Formulierungen. Das verlangsamt das Gespräch inhaltlich und bezieht die Metaebene mit ein. Fragen/Aussagen, wie …

- ✔ *Habe ich das richtig formuliert? Stimmt das?*
- ✔ *Habe ich Sie richtig verstanden, dass …?*
- ✔ *Wie können wir das jetzt aufschreiben?*
- ✔ *Ich lese noch mal vor, was wir bisher haben.*

… tragen zur Entschleunigung und zum besseren Verständnis bei. Dabei sind schon Elemente der folgenden Methoden wie das Paraphrasieren enthalten. Dabei sollten Beschreibungen von Verhalten und Zuständen vorrangig sein. Wenn Bewertungen in ein Protokoll aufgenommen werden, ist es unerlässlich, auch positive Eigenschaften und Verhaltensweisen aufzuführen. Besonders gut gelingt die Strukturierung eines Gespräches dann, wenn eine zweite Person das Protokollieren übernehmen kann. Das gibt Ihnen die Chance, das Gespräch gemeinsam zu moderieren. Dann übernimmt die zweite Person das Nachfragen, wie etwas formuliert wird, ob es so richtig aufgeschrieben wurde.

## 6.2 Das Paraphrasieren

Beim Paraphrasieren werden Gesprächsbeiträge zusammengefasst und geordnet. Anders als beim Spiegeln fassen Sie das Gesagte in eigenen Worten kompakt zusammen. Dabei werden die wichtigsten Punkte benannt, gesammelt und strukturiert. Sie als Moderation können so feststellen, ob das Wichtigste gesagt worden ist und gleichzeitig durch Ihr Paraphrasieren überprüfen, ob Sie die Eltern richtig verstanden haben. Aber Achtung: Jede Auswahl, was wichtig ist und was weggelassen wird, jede Zusammenfassung ist gleichzeitig auch eine persönliche Wertung. Damit ist das Paraphrasieren ein machtvolles Instrument und muss achtsam verwendet werden. Insbesondere wenn Eltern aufgebracht oder verwirrt sind und viele Beschreibungen verwenden, kann der Fokus im Gespräch so wiederhergestellt werden.

Frau Schmidt ist sich nicht sicher, ob ihre Tochter Lucia schulreif ist. Sie bespricht dieses Thema mit der Erzieherin Frau Bogdanovic. Sie erzählt: »Lucia ist ja ganz knapp am Einschulungstermin sechs Jahre alt. Einerseits möchte sie gerne mit ihren Freundinnen jetzt in die Schule kommen. Kognitiv halte ich sie für fit! Aber emotional? Da bin ich mir gar nicht so sicher! Außerdem ist sie ja eine Frühgeburt. Wäre sie zum richtigen Geburtstermin zur Welt gekommen, wäre sie ja jetzt noch gar kein Schulkind! Da wäre sie ja erst fünf Jahre alt … Vielleicht muss man das bedenken. Ich mache mir Sorgen. Ich möchte sie nicht überfordern. Mein Mann sieht das anders, er ist der Meinung, dass Lucia in die Schule gehen soll. Was soll ich nur tun?« Frau Bogdanovic fasst zusammen: »Sie machen sich Sorgen.

> Einerseits sehen sie Lucia als schulreif an, so wie ihr Mann auch. Andererseits sind sie unsicher, ob Lucia emotional soweit ist. Habe ich das richtig verstanden?«

Beim Paraphrasieren können sie auch Informationen in eine Reihenfolge bringen oder Argumente und Gegenargumente zählen. *Sie haben jetzt drei wichtige Punkte genannt ... Es sprechen aus ihrer Sicht mehrere Argumente dagegen: ...;* damit geben Sie dem Gespräch eine Struktur und helfen auch dem Gegenüber, verschiedene Gedanken zu ordnen.

## 6.3 Reframing

Beim Reframing wird einem negativ bewerteten Verhalten oder Vorfall ein anderer Rahmen gegeben. Vielleicht ist dieses Verhalten ja nicht nur negativ zu sehen, vielleicht kann aus einem Vorfall etwas Gutes erwachsen. Man kann es auch umschreiben mit dem Sprichwort »Nichts ist so schlecht, dass es nicht auch für etwas gut wäre.« Die Vorteile des Reframings liegen auf der Hand: Man kann aus einer Negativspirale nur aussteigen, wenn man Mut schöpft und Chancen für eine Verbesserung erkennt. Auch die schon beschriebene Problemtrance, wenn das Problem sehr groß und raumgreifend wahrgenommen wird, kann man besser überwinden, wenn positive Aspekte und Ressourcen erkannt und betont werden. Diese Intervention eignet sich also besonders dann, wenn Gesprächsteilnehmer eine Situation negativ bewerten. Sie können die Gesprächspartner oder die Eltern mit einem Reframing zu einem Perspektivwechsel einladen (vgl. Tabelle 2). Es ist klar, dass diese Intervention nur dann sinnvoll wirkt, wenn der Negativaspekt nicht zu groß ist. Beispielsweise im Fall einer schwierigen Krankheit oder eines Todesfalls in der Familie werden sicher keine positiven Aspekte erkennbar für Betroffene. Minder schwierige Situationen eignen sich jedoch gut. Auch negative Formulierungen im Gespräch können damit umformuliert und anders gerahmt werden:

**Tabelle 2:** Beispiel für das Reframing

| Negative Formulierung | Reframing |
|---|---|
| Metin macht keine Hausaufgaben. | Er ist engagiert und leidenschaftlich beim Fußballtraining und trainiert soziale Kompetenz, Ausdauer und eine erhöhte Frustrationstoleranz. |
| Laura kommt regelmäßig zu spät zur Schule. | Sie geht den Schulweg ganz allein und ist darin sehr verlässlich. Manchmal holt sie ihre Freundin ab. |
| Frau Bohlmann macht immer die Hausaufgaben mit ihrem Kind. | Sie zeigt ihrem Kind, dass sie sich für seine schulischen Themen interessiert. Der Schulerfolg ist ihr wichtig. |
| Herr Michalsky fährt seine Tochter jeden Morgen zur Schule. | Er nutzt diese kurze Zeit, um sich mit ihr zu unterhalten. Er erfährt so manches, was seine Tochter bewegt. |

Es ist nicht beabsichtigt, die unerwünschte Situation beizubehalten oder Veränderungen zu blockieren. Oft wird es jedoch einfacher, wenn zumindest die gute Absicht im Verhalten oder der positive Aspekt einer Situation erkannt wird. Eltern oder das Kind fühlen sich dann »gesehen« in ihrem positiven Bemühen! Das kann Türen öffnen und die Chance für Veränderung ermöglichen. Folgende Fragen können helfen, ein Verhalten durch ein Reframing positiver zu rahmen:

✔ *Neben den negativen oder störenden Aspekten des Verhaltens: Welche positiven Aspekte oder Auswirkungen hat das Verhalten auch?*

✔ *Was daran könnte sinnvoll oder hilfreich sein? In welcher Situation wäre dieses Verhalten angemessen?*

✔ *Welche Stärken oder Kompetenzen zeigt die Person durch ein solches Verhalten?*

✔ *Was sollte die Person nun noch dazulernen?*

✔ *Was sollte sie beibehalten?*

Hier kommt es auf Ihre Formulierung an. Zum Reframing gehört, negative Bewertungen positiv zu rahmen und Wertungen oder

Abwertungen aus dem Gesagten auszulassen. Auch absolute und verallgemeinernde Aussagen werden aufgeweicht.

1. Meine Frau mischt sich immer ein, wenn ich mit Julian diskutiere!
   Sie möchten gerne allein mit ihrem Sohn sprechen?
2. Ich bin ziemlich sauer auf die Englischlehrerin, die schimpft ständig und dann macht sie immer fünf Minuten zu früh Pause, anstatt ordentlichen Unterricht zu machen.
   Sie möchten also über den Englischunterricht sprechen … Sie befürchten, dass …
3. Ständig meckert Mia, wenn ich sie in den Kindergarten bringen will.
   Es fällt Mia also schwer, sich morgens von ihnen zu verabschieden?
4. Ich schaffe es einfach nicht, Leon pünktlich ins Bett zu bringen.
   Er schaut mich dann so an und hat noch so viele lustige Ideen abends.
   Und nun wollen Sie Leons Charme gerne einmal beim Aufstehen erleben …

Übrigens: Viele zirkuläre Fragen enthalten schon ein kleines Reframing einer Situation und bieten eine andere Perspektive an.

● Übung Das ist eine etwas komplexere Intervention, die man gut üben kann. Besonders gut lässt das Reframing sich im privaten Rahmen üben mit Partner, Partnerin und Familie. Geben Sie negativen Verhaltensweisen oder Äußerungen einen positiven Rahmen. Das schafft Distanz zum Problem und bringt oft auch Humor in eine Situation! Probieren Sie es aus, wenn das nächste Mal der Tisch nicht abgeräumt ist, die Schuhe sich im Hausflur stapeln oder die Hausaufgaben vergessen wurden. Können Sie einen positiven Aspekt finden?

Der Speaker Christian Lindemann geht in seinen Bühnenshows noch einen Schritt weiter. Seine Vorträge finden Sie auch online unter: https://christianlindemann.com/ (Zugriff am 11.09.2018). Er nennt die Methode *turn the b* und meint damit die Verwandlung einer Situation von *bad* zu *best*. Er beschreibt, wie wichtig die Fähigkeit ist, eine negative Situation zu verwandeln. Sehr anschaulich zeigt er dazu Beispiele aus dem Sport: eine Turnerin, die bei einer Vorführung fast vom Reck fällt und in letzter Sekunde die Bewegung in ein Rad umwandelt oder eine Tänzerin, bei der eine Figur misslingt und die blitzschnell eine neue Pose einnimmt. Dazu gehört sicher eine gute Portion Flexibilität. Ich behaupte jedoch, am Anfang steht der Wille, möglichst jede Situation in etwas Positives verwandeln zu wollen.

## 6.4  Paradoxe Intervention und Ambivalenz

Bei einer paradoxen Intervention sagt der Berater scheinbar das Gegenteil dessen, was er eigentlich gerne erreichen möchte, daher die Bezeichnung paradox. Schwing und Fryszer (2013) sprechen lieber von der »Ambivalenzarbeit« (S. 249). Dieser Begriff drückt bereits aus, wann eine solche Intervention in Frage kommt. Denn manche Situationen sind deswegen verfahren, weil die Beteiligten ambivalent sind und sich nicht entscheiden können. Wenn die Pädagogin dann Rat gibt und zu einer Entscheidung tendiert, bewegen sich die Eltern in die andere Richtung. Mir fällt in solchen Situationen immer das Beispiel einer Wippe auf dem Kinderspielplatz ein: Nimmt man auf einer Seite Platz, geht die Wippe automatisch auf der anderen Seite hoch. Schwing und Fryszer (2013) beschreiben, wie manche Klienten jede Veränderung scheinbar ablehnen. Sie benennen die paradoxen und widersprüchlichen Aufträge in einer solchen Beratung: »›Hilf uns, uns zu verändern.‹ Und gleichzeitig: ›Wir wollen, dass es so bleibt!‹« (ebd., S. 249) In einem solchen Fall empfehlen sie, ebenfalls paradox zu reagieren.

Diese Strategie erscheint dann sinnvoll, wenn andere Maßnahmen nicht helfen. Wenn Eltern häufig jammern und klagen und Vorschläge mit dem Hinweis ablehnen, dass alles nicht helfen würde, werden Sie an sich selbst eine gewisse Erschöpfung und Ratlosigkeit verspüren. Wenn Sie das Gefühl haben, in dem Elterngespräch trotz guter Absichten nicht von der Stelle zu kommen, können Sie eine paradoxe Intervention überlegen. Sie lassen in einer solchen Situation in Ihren Anstrengungen nach und vertreten scheinbar das Gegenteil dessen, was Sie selbst gerne im Gespräch erreichen möchten. Dadurch kann die Initiative von Eltern gestärkt werden. Klar ist auch, dass eine sehr aktive Gesprächsführung von Ihrer Seite den Eltern ermöglicht, sich aus der Verantwortung zurückzuziehen. Ziel der Gespräche sollte jedoch sein, die gemeinsame Lösungsverantwortung zu stärken. Schlippe vergleicht dies ganz ähnlich mit einem Hebel und nennt es das systemische Hebelgesetz: »Das ›systemische Hebelgesetz‹ besagt, dass der am längeren Hebel sitzt, der weniger Interesse an Veränderung hat. Wenn also viel Änderungsdruck im Raum ist, ist die systemische Beraterin beweglicher, wenn sie sich als ›Anwältin der Ambivalenz‹ verhält […]« (Schlippe u. Schweitzer, 2016, S. 318).

## 6.5 Das Mentalisieren

Mentalisieren nach Schlippe und Schweitzer (2016, S. 302) meint, sich das Verhalten anderer erklären zu können und anhand des Verhaltens Gründe und Motive zu vermuten. Gleichzeitig bedeutet Mentalisieren auch, sich selbst von außen zu betrachten und anderen das eigene Verhalten zu erklären. Insbesondere in der Familientherapie wird Mentalisieren eingesetzt. Ich möchte es hier nur am Rande vorstellen, da Beratung von Eltern sich deutlich von Therapieformen unterscheidet. Doch halte ich es für wichtig, den Nutzen des Mentalisierens zu kennen. Einerseits werden Sie selbst auf diese Weise transparenter, wenn Sie offenlegen, was in Ihnen vorgeht:

- ✔ *Ich habe dabei kein gutes Gefühl, denn …*
- ✔ *Das könnte eine gute Lösung sein, weil …*
- ✔ *Ich muss darüber noch mal genauer nachdenken.*
  *Mich beschäftigt …*
- ✔ *Ich bin in Gedanken noch bei dem Thema von vorhin …*

Andererseits können Sie Ihrem Gegenüber helfen, wenn Sie sich nach den Gedanken und Gefühlen erkundigen. Das bringt Klarheit und kann helfen, aufgewühlte Gefühle zu beruhigen, wenn das Gegenüber die Gefühle nicht von selbst benennt:

- ✔ *Ich möchte noch mal nachfragen, wie es Ihnen jetzt geht.*
- ✔ *Mit welchem Gefühl sind Sie heute zum Gespräch gekommen?*

✔ *Vorhin hatten Sie das Gefühl, ...*

✔ *Wie sehen Sie das jetzt?*

✔ *Sie wirken auf mich ... Sehe ich das richtig?*

✔ *Was denken Sie über ...*

✔ *Mit welchen Gefühlen gehen Sie heute aus unserem Gespräch?*

# 7 Visualisierung als Strategie

Jede Visualisierung kann ein sehr hilfreiches Instrument sein, um neue Aspekte in ein Gespräch zu bringen oder das Gespräch noch fokussierter zu führen. Auch in konflikthaften Gesprächen ist es ratsam, von einer konfrontativen Sitzordnung zu einer räumlichen Öffnung zu kommen, indem man gemeinsam auf ein drittes Objekt schaut. Das Gespräch kann zusätzlich durch eine Visualisierung gut strukturiert werden. Man spricht daher auch von visueller Rhetorik. Hier möchte ich Ihnen einige Beispiele vorstellen, die ich selbst erfolgreich erprobt habe.

## 7.1 Flipchart und Stellwand

Ein Flipchart oder eine Stellwand lenkt den Blick der Gesprächs-beteiligten und veranschaulicht Wortbeiträge. Das unterstützt eine offenere Sitzhaltung wie zum Beispiel über Eck. Das empfiehlt sich insbesondere dann, wenn es sprachliche Hürden gibt und Sachver-halte durch Visualisierung vereinfacht dargestellt werden sollen.

Frau Engels leitet den Vorlaufkurs. Es ist unklar, wie es mit Metin nach dem Vorlaufkurs weitergehen soll. Sie empfiehlt eine Zurückstellung, damit Metin in der ersten Klasse nicht überfordert ist. Die Eltern sprechen hauptsächlich türkisch. Sie vermuten, dass Frau Engels Metin in einer Förderschule unterbringen möchte und sind sehr auf-gebracht. Frau Engels erklärt die unterschiedlichen Wege, die jetzt möglich sind. Sie zeichnet für die Schulformen Förderschule und Grundschule jeweils ein Haus und hängt die Vorklasse als Neben-gebäude an die Grundschule. Die Eltern verstehen den Unterschied und beraten sich. Nachdem auch die Erzieherin des Kindergartens eine Zurückstellung empfiehlt, stimmen die Eltern schließlich zu.

Sie haben jetzt besser verstanden, dass ihr Kind in der Vorklasse im gleichen Gebäude untergebracht ist und mit der gleichen Stundenzahl unterrichtet wird.

## 7.2 Kartenabfrage

Die Kartenabfrage ist eines der einfachsten Mittel zur Visualisierung. Erfahrungsgemäß wird sie trotzdem in Elterngesprächen eher selten eingesetzt. Wenn die Gesprächsteilnehmer zu einer Frage ihre Sichtweise schriftlich notieren sollen, ergibt das automatisch eine Verlangsamung im Gespräch. Jede Person überlegt kurz für sich, bevor die Stichworte notiert werden. Diese Gesprächspause kann man bewusst einplanen. Insbesondere wenn es um gegensätzliche Meinungen geht, oder wenn man am Ende des Gespräches die Einschätzungen vom Anfang gerne aufgreifen möchte, ist eine Kartenabfrage gut geeignet.

Die Klassenlehrerin Frau Alvarez und die Eltern von Jona sind zerstritten. Jona verhält sich im Unterricht sehr unkooperativ und hält viele Regeln kaum noch ein. Insbesondere, wenn er sich ungerecht behandelt fühlt, rastet er aus und hat im letzten Konflikt einen Stuhl geworfen. Die Eltern befürchten, dass Frau Alvarez ihren Sohn nicht mag und schlecht behandelt. Sie vermuten, dass die Klassenlehrerin wegen der zahlreichen Vorfälle bereits voreingenommen ist und ihr Sohn kaum eine Chance bekommt. Frau Alvarez gibt täglich ihr Bestes in der Arbeit mit Jona, fühlt sich aber von den Eltern nicht unterstützt. Zahlreiche Absprachen wurden nicht eingehalten. Ihr zufolge verharmlosen die Eltern Jonas Probleme. Beide Seiten konnten sich darauf verständigen, einen Beratungslehrer aufzusuchen. Dieser moderiert das Gespräch. Um das gemeinsame Anliegen zu betonen und die Streitigkeiten zu verringern, legt er eine Karte mit dem Namen von Jona in die Mitte. Die Beteiligten suchen ein Symbol, das neben den Namen geklebt wird. Dazu erläutert er anschaulich, dass Jona im Mittelpunkt des Gespräches stehen soll.

Auch unterschiedliche Positionen können durch Karten an einer Stellwand oder an einer Flipchart friedlich nebeneinander bestehen.

Da alle Positionen aufgenommen werden, fühlen sich deren Vertreter damit gesehen und in ihrer Einschätzung gewürdigt. Die Visualisierung vermittelt, dass unterschiedliche Positionen nebeneinander existieren können und sie nicht zwangsläufig richtig oder falsch sein müssen.

In manchen Gesprächen ist es sinnvoll, den Einstieg zu verlangsamen. Das geschieht wirkungsvoll durch Schreiben. Auch dann, wenn es um unterschiedliche Positionen geht, kann durch eine schriftliche Kartenabfrage eine Konfrontation gemildert werden. Mit einer Fragestellung wie …

- ✔ *Welches Ziel wollen sie heute im Gespräch erreichen?*
- ✔ *Was müsste erreicht sein, damit sie heute zufrieden aus dem Gespräch gehen?*

… kann eine überlegte und zielorientierte Formulierung der Beteiligten angeregt werden. Insbesondere, wenn beide Seiten das Kind in den Fokus ihrer Zielsetzung einbeziehen, können durch eine Kartenabfrage Gemeinsamkeiten im Anliegen des Gespräches herausgestellt werden. In der Regel sind alle Beteiligten, die mit dem Kind zu tun haben, sehr bemüht. Dieses Bemühen kann der anderen Partei hier deutlich werden.

Frau Carter, die Klassenlehrerin, und die Eltern von Bilal versuchen schon seit längerem, ihn so zu unterstützen, dass er möglichst ohne Konflikte den Schulalltag meistert. Mittlerweile hat sich daraus ein regelmäßiger und angespannter Schriftverkehr entwickelt. Frau Carter teilt die Vorkommnisse den Eltern im Merkheft mit. Die Eltern schildern Bilals Sichtweise und ihre eigenen Vermutungen zum Entstehen der Konflikte in Briefform. Die Klassenlehrerin ist genauso wie die Förderlehrerin mittlerweile von den vielen Briefen genervt und bittet die stellvertretende Schulleitung, das anstehende Elterngespräch zu moderieren. Diese entscheidet, dass möglichst schnell das Thema auf Bilal gerichtet sein soll. Daher beginnt sie mit einer Kartenabfrage: *Was ist Ihnen heute im Gespräch wichtig? Was müsste geschehen, damit sie heute zufrieden aus dem Gespräch gehen?* Hier lesen Sie die Antworten der Gesprächsteilnehmenden:

Vater: Verständnis für B's Eigenart fördern; B. ohne Zweifel in guten
   Händen wissen
Mutter: eine gute und richtige Unterstützung für B.; Ich wünsche mir,
   dass B., so wie er ist, Freude und Freunde in der Schule findet
Klassenlehrerin: das Vertrauensverhältnis ist wiederhergestellt, die
   Arbeitsweise zwischen Eltern und Lehrerinnen ist klar; welche
   Hilfen braucht B.?
Förderlehrerin: vertrauensvolle Zusammenarbeit; B. soll wieder auf
   einen guten Weg kommen

An die gemeinsamen positiven Formulierungen lässt sich im anschlie-
ßenden Gespräch gut anknüpfen.

●▶ Übung  Setzen Sie im nächsten Gespräch mit mehreren Beteiligten Karten ein, um die Erwartungen an das Gespräch vorher zu klären und aufzuschreiben. Beobachten Sie, wie das im Gespräch wirkt.

## 7.3  Timeline

Eine Timeline oder auch ein Zeitstrahl können sehr wirkungsvoll
eingesetzt werden, wenn sich ein Prozess über einen längeren Zeit-
raum erstreckt. Mit Karten, Gegenständen, Platzhaltern oder Figuren
können an diesem Zeitstrahl wichtige Ereignisse dargestellt werden. Damit werden alle Beteiligten gleichermaßen informiert. Das
Gespräch wird mit einer gemeinsamen Zusammenfassung des bisherigen Geschehens begonnen. Dieses Verfahren eignet sich für
größere Runden. Gleichzeitig kann eine Entwicklungsgeschichte
oder auch die Entwicklung von Auffälligkeiten und auch besondere
Bemühungen einer oder beider Seiten visualisiert und hervorgehoben werden (vgl. Abbildung 1). Das ist insbesondere dann wichtig,
wenn es um strittige Positionen im Gespräch geht.

Familie Ortiz kam überraschend mit einem Anwalt zum Elterngespräch, das als Runder Tisch geplant war. Es saßen die Klassenlehrerin, die Förderlehrerin und die Hortleiterin mit am Tisch. Die
Entwicklung der Tochter Delila gab Anlass zur Sorge: Sie arbeitete im
Unterricht kaum mit, ließ Hausaufgaben verschwinden, riss mittler-

weile sogar Seiten aus dem Hausaufgabenheft, um die Hausaufgaben nicht machen zu müssen. Im Hort und Zuhause behauptete sie dann, keine Hausaufgaben aufzuhaben. Wirklich konzentriert arbeitete sie nur mit der Förderlehrerin an ihrer Seite in einer Einzelsituation. Hier wirkte sie oft traurig, übermüdet und erschöpft. Bei der letzten Klassenfahrt war es nun zu einer Eskalation gekommen. Delila hatte etwas von einem anderen Kind genommen und bei ihren Sachen versteckt. Im klärenden Gespräch war sie uneinsichtig. Am folgenden Tag blieb sie mit Bauchschmerzen im Bett. Der Vater musste sie abholen. Das tat er nur unter großem Protest. Er vermutete, seine Tochter würde ausgeschlossen von der Klassenfahrt und die Lehrerin würde seine Tochter nicht mögen.

Der Anwalt eröffnet das Gespräch konfrontativ: Was genau werfen Sie dem Kind vor? Was soll heute besprochen werden? Die Antwort der Klassenlehrerin, dass die Kooperation mit den Eltern verbessert werden soll, kann er kaum glauben. Schließlich waren die Eltern der Überzeugung, dass ihre Tochter gemobbt wird. Anhand der Timeline werden die wichtigsten Stationen des bisherigen Schulbesuchs nachvollzogen. Delila hatte den Kindergarten nur kurzzeitig besucht. Dort fiel auf, dass sie Schwierigkeiten hatte, mit anderen Kindern zurechtzukommen. Eine Zurückstellung in die Vorklasse war damals im Gespräch. Durch den vehementen Widerstand der Eltern kam der Besuch der Vorklasse aber nicht zustande. Im ersten Schuljahr fanden zahlreiche Elterngespräche statt. Die Klassenlehrerin bat darum, den Schulpsychologen einschalten zu dürfen. Die Eltern stimmten dem nicht zu. In den Förderplänen waren die Schwierigkeiten, die Fortschritte und die Maßnahmen festgehalten. Und auch das letzte Zeugnis belegte, dass Delila im Umgang mit anderen Kindern viel Unterstützung benötigte. Dieser Punkt und weitere werden an der Timeline deutlich. Außerdem werden die Bemühungen aller pädagogischen Kräfte um das Kind und die Bemühungen um Kooperation mit den Eltern anschaulich. Der Anwalt ändert seine Einschätzung während des Gespräches. Er beginnt, ebenfalls Ideen für eine gute Kooperation zu entwickeln. Gegen Ende bereicherte er das Gespräch mit Beispielen aus den Schulerfahrungen mit seiner etwa gleichaltrigen Tochter. Auch die Eltern sind beeindruckt von den intensiven Förderbemühungen der Schule. Sie stimmen schließlich dem Besuch durch den Schulpsychologen zu. Beim Abschied entschuldigen Sie sich dafür, dass sie mit einem Anwalt zum Gespräch gekommen sind, sie hätten nicht mehr weitergewusst und seien verzweifelt gewesen.

Hier die Timeline des Gespräches:

**Abbildung 1:** Timeline des Gespräches

Um auch mit dieser Methode auf ein positives Ziel hinzuarbeiten, empfehlen Schwing und Fryszer (2013), Ressourcen und bisherige Lösungsversuche in den Zeitstrahl mit aufzunehmen (S. 93).

Auch Kindern oder Eltern, die wenig Vertrauen in den Entwicklungsprozess haben, kann mit solch einer Zeitleiste geholfen werden, indem positive Schritte deutlicher und sichtbarer werden. Und schließlich ist es auch für die Pädagogen selbst beeindruckend, die zahlreichen eigenen Maßnahmen, Bemühungen und Entwicklungsschritte eines Prozesses vor Augen zu haben.

## 7.4 Genogramm und Familien-Helfer-Map

Das Genogramm ist eine bildliche Darstellung der Herkunftsfamilie. Jeder Mensch wird als Symbol dargestellt. Zwischen diesen Symbolen werden die Beziehungen der Menschen zueinander eingezeichnet. Damit kann mit dem Genogramm ein Zugang zu wichtigen Themen wie Positionen in der Familie, Familiengeschichten und Muster innerhalb der Familie geschaffen werden. Diese Arbeit mit einem Genogramm als Landkarte der Familie wird häufig in Therapien und Beratungen verwendet. Die komplexe Struktur innerhalb von Familien mit den jeweiligen Loyalitäten und Konflikten wird anschaulich. Daran wird deutlich, dass die Arbeit mit einem Genogramm sehr in die Tiefe führen kann. Ich sehe die Verwendung daher eher in einem therapeutischen Kontext. Interessant ist hier vor allem, sich zuerst mit dem eigenen Genogramm zu befassen. Allerdings gibt es eine Abwandlung, die im pädagogischen Bereich verwendet werden kann: die Familien-Helfer-Map. In einer solchen Map werden die helfenden Personen rund um eine Familie aufgenommen. Das kann der Erzieher, der Nachhilfelehrer und auch die Familienhelferin (SPFH) sein. Teilweise sind in betroffenen Familien mehrere helfende Personen einbezogen, sodass es sinnvoll erscheint, sie aufzuzeichnen und in Beziehung zur Familie darzustellen. So wird deutlich, wer das Kind beispielsweise bei seinen sozialen Problemen und auf der Suche nach Freundschaft unterstützen kann. Wer die Map im Gespräch einsetzen möchte, sollte sie vorher erlernt haben, auch hier wieder der Hinweis auf eine Fortbildung oder Weiterbildung. Es ist jedoch gut möglich, die Map als Hilfsmittel in der Vorbereitung eines Gespräches einzusetzen. Damit werden Strukturen im Helfersystem deutlich, die hinterher zur Lösung genutzt werden können.

## 7.5 Netzwerkkarte und VIP-Karte

Schwing und Fryszer (2013) legen die Wichtigkeit von Netzwerken als Unterstützungsmodell und Grundlage der sozialen Arbeit in der Fachliteratur seit über 100 Jahren dar, da schon Alice Salomon soziale Netzwerke zur Unterstützung empfahl (S. 280 f.). Sie schlagen dazu die Netzwerkkarte und die VIP-Karte als Veranschaulichung von hilfreichen Beziehungen und Ressourcen vor. Die Netzwerkkarte veranschaulicht wie die Familien-Helfer-Map das gesamte Netzwerk, in dem sich ein Klient oder ein Schüler befindet (vgl. Abbildung 2). Sie kann als Gesprächsgrundlage gemeinsam erarbeitet werden. Folgende Fragen sind dabei interessant:

- ✔ *In welchem Feld gibt es die meisten Kontakte?*
- ✔ *Welche Kontakte sind für das Kind/die Familie am tragfähigsten?*
- ✔ *Welche Art von Kontakten sind am wichtigsten?*
- ✔ *Wer ist am nächsten dran? Wen kann das Kind am schnellsten erreichen?*
- ✔ *Reichen die Kontakte aus? Müssen neue Kontakte aufgebaut werden? In welchem Bereich?*

In einzelnen Fällen können Personen aus dem Netzwerk zu weiteren Gesprächen eingeladen werden (Hort, Kita, Familienmitglieder, Ergotherapeutin, Klavierlehrer, etc.). Die VIP-Karte ist weniger umfangreich und kann mit älteren Schülern und Schülerinnen auch selbst erstellt werden. Die Frage lautet dann: Wer sind Deine VIPs *(very important people)?*

Wichtig finde ich dabei, den Namen des Kindes in die Mitte zu stellen. Im Anschluss soll die Darstellung in der Beratungssituation besprochen werden. Diese Methode kam bei mir nie zum Einsatz, da ich sie aber für die Arbeit mit Jugendlichen für geeignet halte, nehme ich sie hier auf.

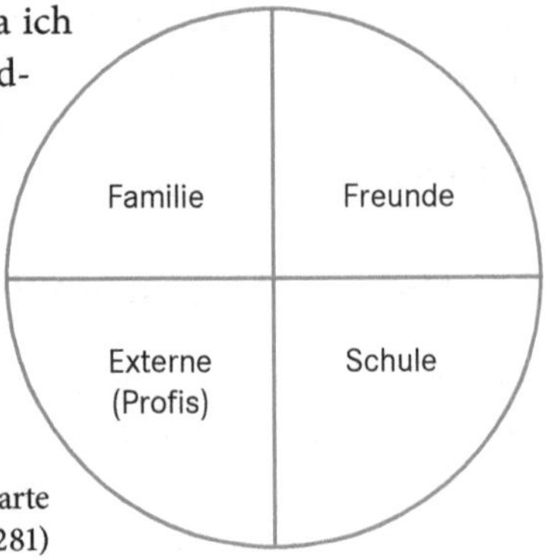

**Abbildung 2:** Beispiel einer Netzwerkkarte
(vgl. Schwing; Fryszer, 2013, S. 281)

Murat besucht die dritte Klasse und hat mittlerweile massive Probleme in der Schule. Er kam als unsicherer Junge in die Schule und erlebte in seiner Schulzeit mehrere Wechsel. Murats Klassenlehrerin wechselte schon mehrfach. Auch die jetzige Klassenleitung war nur mit wenigen Stunden in der Klasse. Daraus hatte sich eine ungünstige Dynamik in der Klasse entwickelt. Die zahlreichen Konflikte versuchten die Kinder selbst zu lösen. Da sie das nicht gelernt hatten, kamen sie dabei nicht immer auf die besten Ideen. Murat war nicht besonders leistungsstark und versteckte dies hinter markigen Sprüchen und aggressivem Verhalten. Anweisungen der Klassenlehrerin befolgte er immer schlechter. Seine Mutter war zum Islam übergetreten und Österreicherin, sein Vater war Tunesier.

Nach einem Konflikt in der Pause, bei dem Murat heftig beschimpft wurde und sich in seiner Ehre gekränkt fühlte, war die Klasse allein im Klassenraum. Die Lehrerin verspätete sich um einige Minuten. In diese Zeit eskalierte der Konflikt im Klassenraum weiter. Schließlich nahm Murat einen Stuhl und warf damit vor Wut nach einem Mitschüler. Andere Stühle warf er um und verließ den Klassenraum. Murat wurde daraufhin für den nächsten Tag vom Unterricht ausgeschlossen und mit seinen Eltern zum Gespräch bestellt. Gefragt, wie es ihm gehe, antwortete er den Tränen nahe, Schule sei scheiße, niemand würde ihn mögen, seine Mutter würde ihn nicht verstehen. Im nachfolgenden Gespräch stellte sich heraus, dass er insgesamt sehr wenige gute Kontakte hat und nur noch sehr widerwillig und nicht regelmäßig in die Schule kommt. Im Gespräch nennt er den Sportlehrer als den einzigen Lehrer, zu dem er Vertrauen habe. So wird der Sportlehrer zu den weiteren Gesprächen hinzugezogen, um gemeinsam Ideen zu erarbeiten, wie Murat in der Schule stabilisiert werden kann.

Diese Methode kann man auch gut umkehren: In einer Teamsitzung oder einer Klassenkonferenz werden die Kinder oder Jugendlichen besprochen. Wer hat zu diesem einzelnen Kind ein gutes Verhältnis, eine tragfähige Beziehung? Für dieses Kind kann man auf der Klassenliste einen Punkt vergeben. Im Ergebnis gibt es sicher einige Kinder mit vielen Punkten, aber auch Kinder, die wenige oder gar keinen Punkt haben, also zu keiner pädagogischen Kraft eine besonders gute Beziehung. Um diese Kinder muss man sich besonders bemühen!

## 7.6  Problem-Ursache-Schema

In zahlreichen Fortbildungen zur Gesprächsmoderation fand ich immer wieder hilfreiche Tools, die gleichzeitig aus heutiger Sicht einen systemischen Ansatz repräsentieren. Eine Methode, die ich in den unterschiedlichsten Gesprächssituationen gerne einsetze, ist das Problem-Ursache-Schema, das ich meinem Bedarf angepasst habe. Diese Visualisierung ist dann hilfreich, wenn ein komplexes Problem aus verschiedenen Perspektiven betrachtet werden soll und es oft schon erste Ideen zu Lösungsansätzen gibt. Dabei kommen Eltern und Pädagogen teilweise auf sehr unterschiedliche Ideen. »Die Lehrerin soll mein Kind nicht mehr benachteiligen!« oder »Die Eltern sollen nun endlich eine Erziehungsberatungsstelle aufsuchen!« sind erste Ansätze, die nicht immer gut im gemeinsamen Gespräch erarbeitet werden können. Hier hilft das Schema als Visualisierung. Unterschiedliche Wahrnehmungen der Parteien und unterschiedliche Deutungen können auf dem Papier friedlich koexistieren: Beide Seiten aufzunehmen, ist damit ein höchst systemischer, wertschätzender Beginn des Gespräches. Ich habe das vorliegende Schema um die Spalte Stärken/Ressourcen ergänzt (vgl. Tabelle 3). Das hat sich in Gesprächen gleich mehrfach als hilfreich erwiesen:

1. Das Kind oder die Situation wird ganzheitlicher betrachtet.
2. Die Person, die das Problem einbringt, kann die Stärken des Kindes oder die Ressourcen in der Situation wieder besser erkennen.
3. Die Person, die die Probleme weniger stark sieht oder das Kind verteidigt, reagiert in aller Regel weniger defensiv, wenn auch Stärken benannt sind.

Es könnte manchmal auch interessant sein, zu betrachten, wem das Verhalten oder das Problem hilft, wofür es vielleicht paradoxerweise nützlich ist. Auch dazu lädt die zusätzliche Spalte ein.

Hier also das Problem-Ursache-Schema, angelehnt an Seminarunterlagen von Fritze und Berndt (2007), das zur Visualisierung auf ein Flipchart-Papier aufgezeichnet wird und gleichzeitig als Gesprächsprotokoll dienen kann:

**Tabelle 3:** Problem-Ursache-Schema (vgl. Fritze und Berndt, 2007)

| Probleme | Hypothesen zu Ursachen | Stärken/ Ressourcen | Lösungs- ansätze | Hindernisse |
|---|---|---|---|---|
|  |  |  |  |  |
|  |  |  |  |  |

Äußerungen der Parteien im Gespräch werden direkt notiert. Angriffe oder Schuldzuweisungen können (und sollen!) dabei von der Gesprächsleitung umformuliert werden: *Wie kann ich das aufschreiben? Was vermuten Sie? Sie sind also der Ansicht, dass ...* (→ Kapitel 6, Mit anderen Worten). Insbesondere bei der Suche nach Ursachen ist es wichtig, gegenseitige Schuldzuweisungen zu unterbinden. In einem solchen Fall ist es ratsam, zuerst mit den Stärken und Ressourcen des Kindes oder der Situation zu beginnen. Es kann sich auch bei der Ursachensuche nur um Vermutungen handeln, was dieses Problem hervorgebracht hat, und es wird immer eine Vielzahl von Auslösern geben. Trotzdem ist es wichtig, vermutete Ursachen zu formulieren, da damit oft gleichzeitig erste Ideen zu Lösungsansätzen entstehen. Die letzte Spalte ist optional; je konflikthafter die Situation, desto wichtiger ist es aber, die möglichen Hindernisse für gefundene Lösungen zu berücksichtigen. Damit imaginiert man die Situation in der Zukunft und die Lösungen werden überprüft.

Marvin ist ein guter Schüler. Er eckt jedoch immer wieder mit seinem Verhalten an. Die Lehrerin mag ihn und unterstützt ihn täglich, seine Wortmeldungen nicht mehr so impulsiv reinzurufen und auch auf Bemerkungen anderer Kinder etwas gelassener zu reagieren. In den Pausensituationen gab es seit dem ersten Schuljahr immer wieder zahlreiche Konflikte, in denen Marvin sehr wütend wurde. Er musste sich dann an einem anderen Ort zurückziehen und sich beruhigen. In den Gesprächen zur Klärung war er schließlich kooperativ, wenn er sich geschätzt fühlte. Mit Fachlehrerinnen klappte das fast nie, mit der Klassenlehrerin und der Förderlehrerin immer besser. Nun war die Klassenlehrerin langzeiterkrankt und der Vertretungslehrer hatte Schwierigkeiten mit Marvin. Im gemeinsamen Elterngespräch nutzt die Förderlehrerin das Problem-Ursache-Schema. So können beide Seiten Probleme benennen, und beide Seiten auch Ursachen vermuten, ohne darüber in Streit zu geraten. Auch der Lehrerwechsel wurde benannt und konnte Ursache sein ebenso wie das neueste Geschwisterchen in der Familie und Marvins Eifersucht. Ebenso vielfältig waren dann auch die Lösungsansätze:

✔ Ein Marvin-Nachmittag, den die Eltern nur mit ihm einmal in der Woche verbringen wollen.

✔ Eltern einigen sich auf gemeinsame Regelung, wie zu Hause mit Wutausbrüchen umgegangen werden soll, sie vermeiden unterschiedlichen Umgang von Vater und Mutter.

✔ Eine wöchentliche Förderstunde bei der Förderlehrerin, in der Marvin einzelne Situationen aus dem Unterricht aufarbeiten kann, die er ungerecht findet.

✔ Eine Vereinbarung, in die der Vertretungslehrer mit Marvin aufschreibt, was er von ihm erwartet und was geschieht, wenn Marvin den Unterricht stört.

✔ Eine Pause, die Marvin nach dieser Vereinbarung nehmen darf, wenn er in Stress gerät, ein vereinbartes Signal.

✔ Eine Ampel, an der Marvin erkennen kann, wo er gerade mit seinem Verhalten steht, sodass der Lehrer nicht mehr ermahnen muss; die Förderlehrerin wird sie mit ihm gemeinsam in der ersten Förderstunde basteln.

✔ Regelmäßigere Elterngespräche mit dem Lehrer und der Förderlehrerin.

Das ausführliche Gespräch und die zahlreichen Bemühungen um Marvin führen dazu, dass er sich geschätzt fühlt. Die Ampel bastelt er gerne. Der Vertretungslehrer versteht besser die komplexe Situation, in der sich Marvin befindet. Insgesamt übersteht Marvin die Vertretungszeit gut und schreibt gemeinsam mit der Förderlehrerin einen Brief an die Lehrerin, da er sie sehr vermisst.

# 8 Kleine Interventionen als Impulse

Mit kleinen Interventionen sind hier Gesprächsbeiträge und Aufträge gemeint, die etwas an der Konstellation verändern. Diese Mini-Veränderungen können die Situation so ändern, dass sie sich bewegt. Damit kann im besten Fall auch in verfahrenen Situationen wieder ein neuer Impuls aufkommen. Wie oft geschieht es in der Praxis, dass zwar ein gutes Gespräch zustande gekommen ist, es aber wenig nachhaltige Veränderungen hervorgebracht hat. Dann sitzt man nach einigen Monaten wieder zusammen und führt fast das gleiche im Gespräch noch einmal. Um aber eine Veränderung zu bewirken, ist etwas Hartnäckigkeit erforderlich. Diese Methoden können dabei helfen.

## 8.1 Veränderung vorwegnehmen

Nachdem der Sachverhalt oder das Problem erörtert und hinterfragt wurde, ist es sinnvoll, die geplante Veränderung schon durchzuspielen. Dadurch wird sie konkret, vorstellbar und mit Unterstützung planbar. Sie können in die Zukunft fragen:

- ✔ *Was werden Sie als Erstes tun?*
- ✔ *Wie wird es Ihnen/Ihrem Kind gehen?*
- ✔ *Wer könnte Sie dabei unterstützen?*
- ✔ *Welche Schwierigkeiten könnten auftreten?*
- ✔ *Was werden Sie dann tun?*
- ✔ *Wie würden Sie merken, dass Sie Ihr Ziel erreicht haben?*

## 8.2 Verantwortung teilen

Eltern, die von sich aus Beratung suchen, sehen oft wenig Handlungsspielraum in einer Situation, manchmal kommen sie mit dem

Wunsch nach Rettung in ein Beratungsgespräch. Diese Konstellation ist für Menschen in helfenden Berufen teils verlockend, für eine
Lösung aber nicht hilfreich. Daher empfiehlt es sich, die Verantwortung der Eltern am Gesprächsprozess wie auch an der Erarbeitung
eines neuen Ansatzes zur Lösung zu betonen (vgl. Tabelle 4). Dazu
können Sie schon zu Beginn des Gespräches bei der Vereinbarung
des Gesprächsziels auf die gemeinsame Gestaltung hinweisen:

✔ *Mir ist wichtig, dass alle Sichtweisen berücksichtigt werden.*
   *Sollte Ihnen also noch etwas einfallen, bitte ich Sie, es direkt*
   *zu ergänzen …*
✔ *Die Förderlehrerin wird jetzt den Förderplan erläutern. Soll-*
   *ten Sie dazu Fragen oder Ergänzungen haben, sprechen Sie*
   *das ruhig direkt an.*

Oder Sie können bei Eltern, die wenig Eigeninitiative zeigen, Fragen
zurückgeben, um die Verantwortung zur Lösung zu stärken:

Tabelle 4: Beispiel für Rückfragen

| Fragen/Aussagen der Eltern | Fragen zurückgeben |
| --- | --- |
| Was soll ich bloß tun? | Was haben Sie denn bisher ver- sucht? *Oder:* Was möchten Sie gerne tun? |
| Ist es so richtig? | Was meinen Sie selbst? |
| Ich habe das nicht verstanden. Können Sie mir das erklären? | Was haben Sie denn bisher verstanden? |

Eine weitere Möglichkeit zur geteilten Verantwortung ist das Delegieren.

## 8.3  Delegieren und Terminieren

Auch während des Gespräches können schon Aufgaben delegiert
werden. Manchmal beginnen Teilnehmer mit der Aussage, wenig
Zeit zur haben. Dann ist es nach meiner Erfahrung hilfreich, wenn
diese Teilnehmer die Aufgabe übernehmen, während des Gespräches
auf die Zeit zu achten. So helfen Sie mit, das Gespräch zu struktu-

rieren. Gleichzeitig übernehmen sie eine Verantwortung. Außerdem bietet es sich an, einen Teil der vereinbarten Punkte am Ende des Gespräches zu delegieren. Nicht alle Lösungsansätze müssen in der Einrichtung stattfinden. Insbesondere wenn Fachwissen eingeholt werden muss (Kinderarzt, Ergotherapeuten, Sozialpädiatrisches Zentrum, …), können diese Aufgaben verteilt werden. Solche Aufgaben sollten immer mit einem neuen Termin verbunden sein, damit die Ergebnisse abgerufen werden und nicht im Sande verlaufen.

## 8.4 Lösungsansätze priorisieren

Manchmal entstehen verschiedene Ansätze, wenn nach einer Lösung gesucht wird. Diese Fragen helfen dabei, verschiedene Ansätze zu priorisieren:

- ✔ *Was ist zeitlich dringend? Was ist sonst noch wichtig?*
- ✔ *Was liegt Ihnen am meisten am Herzen?*
- ✔ *Wozu hat ihr Sohn/ihre Tochter am meisten Lust?*
- ✔ *Womit erzielen wir mit wenig Aufwand den größten Erfolg?*
- ✔ *Was ist am einfachsten und wer unterstützt uns?*

## 8.5 Hausaufgaben

In der systemischen Praxis ist es verbreitet, Aufgaben zur Weiterarbeit zu geben. Das gehört zur »Induktion von Neuem« (Schwing u. Fryszer, 2013, S. 169), nach der Veränderung durch das Einbringen von neuen Sichtweisen, Bewertungen und Handlungen angebahnt wird. Damit soll erreicht werden, dass sich die Teilnehmer auch über das Gespräch hinaus mit dem Thema auseinandersetzen. Für Elternberatung kann das bedeuten, dass Übungen, feste Zeiten mit dem Kind oder Regeln verabredet werden, die zuhause umgesetzt werden sollen. Sinnvoll sind solche Aufgaben nur, wenn sie tatsächlich gemeinsam erarbeitet wurden und nicht nur verordnet werden. Dazu gehört auch, dass diese Hausaufgaben und die Wirksamkeit zeitnah neu besprochen werden. Es muss also bald ein neuer Termin folgen, der am besten gleich verabredet wird.

# Teil C

**Schwierige Elterngespräche –
echte Knacknüsse**

**TEIL C** In diesem Teil kommen wir zu den Gesprächssituationen, die so komplex oder so konflikthaft sind, dass sie uns alle ordentlich herausfordern. Bevor wir zu einzelnen Methoden und Beispielen kommen, möchte ich noch mal daran erinnern, wie wichtig eine gute Vorbereitung des Gespräches ist. Je komplizierter das Gespräch, desto wichtiger ist die Vorbereitung. Bedenken Sie auch, mit welchen Gefühlen, Bewertungen und Hypothesen Sie selbst in das Gespräch gehen (→ Kapitel 2.8). Es kann eine große Unterstützung sein, sich vor einem solchen Gespräch Beratung zu holen. Bedenken Sie, dass diese intensive Vorbereitung Ihnen für alle folgenden schwierigen Gesprächssituationen als Übung helfen kann! Geeignete Berater können Kollegen, Vorgesetzte – oder Sie selbst sein! Mir hilft die gedankliche Modellierung: Wenn eine Kollegin mit diesem schwierigen Fall zu mir käme und mich um Rat fragen würde, was würde ich ihr raten? Ich stelle mir vor, was ich ihr raten würde, manchmal zeichne ich die Konstellation auch auf. So kann ich den Fall besser von außen betrachten und komme auf bessere Ideen. Auch eine Weiterbildung zu diesem Themenfeld kann ich nur empfehlen. Häufig werden dort Lerngruppen gebildet, in denen man solche komplexen Situationen bespricht oder im Rollenspiel simuliert.

# 9 Komplexe Gespräche

## 9.1 Gespräche mit und ohne Kinder/n sowie der Einbezug Abwesender

Es sollte gut überlegt sein, ob das Gespräch mit Kindern oder ohne zu führen ist. Bei einem Gespräch mit Kindern muss folgendes berücksichtigt werden:

- ✔ *Das Gespräch sollte maximal 45 Minuten dauern, je nach Alter.*
- ✔ *Die Sprache soll dem Kind angepasst sein, es muss verstehen können, was die Erwachsenen verhandeln.*
- ✔ *Es sollte zusätzlich ein Zugang zum Thema gewährt werden, der dem Alter des Kindes angemessen ist, wenn es beteiligt wird.*
- ✔ *Das Kind darf nicht in einen Loyalitätskonflikt zwischen Pädagogin und Eltern geraten. Insbesondere wenn es um einen Konflikt zwischen Eltern und Pädagogin geht, geschieht dies sehr schnell und bringt das Kind in ein unlösbares Dilemma!*
- ✔ *Das sollte sich auch in der Sitzordnung ausdrücken, sodass das Kind nicht zwischen den Fronten sitzt.*
- ✔ *Wenn es um Probleme des Kindes geht, müssen sie so thematisiert werden, dass das Kind nicht beschämt wird und keine unnötigen Nebensächlichkeiten »verpetzt« werden. Sonst kommt das Kind das nächste Mal sicher nicht mehr gerne mit.*

Es gibt allerdings auch wichtige Argumente dafür, das Kind am Gespräch zu beteiligen:

✔ Es ist sinnvoll, **mit dem Kind** statt nur **über das Kind** zu
   sprechen, wenn das Kind das inhaltlich verstehen kann.

✔ Es kann an der Suche nach einer Lösung beteiligt werden.

✔ Es fördert das Vertrauen des Kindes, wenn es erfährt, dass
   sich die Erwachsenen um es bemühen und sich so viele
   Gedanken machen.

✔ Je älter das Kind ist, umso wichtiger ist es, seine Verantwortung für das Gelingen zu stärken.

Ich habe unterschiedliche Erfahrungen damit gemacht, Kinder am
Elterngespräch zu beteiligen. Insbesondere wenn das Zeugnis zu
besprechen ist oder kleinere Vorfälle thematisiert werden, empfinde
ich die Beteiligung in aller Regel als gelungen. Wenn aber das Verhältnis mit den Eltern bereits konflikthaft ist, spüren Kinder dies sehr
schnell. Sie mögen die pädagogischen Kräfte, mit denen sie einen
Großteil ihrer Zeit verbringen, in den meisten Fällen. Es besteht für
die Kinder also die Gefahr, zwischen allen Stühlen zu sitzen und
eine Partei möglicherweise zu verraten, wenn sie einer Seite Recht
geben. Das ist für das Kind sehr unangenehm und kann nicht zu
einer Lösung beitragen.

Olivier hatte große Schwierigkeiten, mit anderen Kindern auszu-
kommen. Auf dem letzten Ausflug hatte es wieder eine Prügelei
gegeben, so wie früher auch schon. Es war unklar, ob er zum nächsten Tagesausflug mitkommen kann. Die Hortbetreuerin Frau Jahnke
hatte deshalb Oliviers Eltern und ihn zum Gespräch eingeladen. Die
Eltern ermahnten Olivier gleich zu Beginn des Gespräches, sich zu
beteiligen und sich richtig hinzusetzen. Er reagierte bockig und
nahm mit niemandem mehr Blickkontakt auf. Frau Jahnke verzich-
tete darauf, ihn weiter am Gespräch zu beteiligen. Sie führte das
Gespräch in seinem Beisein, damit er zumindest hören konnte, dass
sich die Erwachsenen um ihn Gedanken machten und er ihnen wichtig war. Als sie die Vorfälle schilderte, fing die Mutter an, zu weinen.
Sie sei sehr überfordert mit Oliviers Verhalten. Olivier lachte über
das Weinen seiner Mutter. Frau Jahnke wies ihn darauf hin, dass
ihm das Weinen nicht peinlich sein müsse, da viele Menschen im
Hort bereits geweint hätten. Das Weinen der Mutter bedeute, dass

Olivier ihr viel bedeute und sie sich Sorgen mache. Olivier hörte aufmerksam zu, beteiligte sich aber am weiteren Gespräch nicht. Die Mutter schien über die Vermittlung dankbar und war kooperativ. Es wurde erarbeitet, dass eine Beratungsstelle hier weiterhelfen könne, da Olivier auch zu Hause oft über seine Mutter lache und sie nicht ernst nehme.

Als Entscheidungshilfe zur Beteiligung des Kindes können Ihnen folgende Fragen dienen:

- ✔ *Soll das Kind nur informiert werden oder soll es auch angehört werden?*
- ✔ *Kann und soll es an einer Lösungsfindung mitwirken?*
- ✔ *Soll das Kind mitentscheiden und ernsthaft beteiligt werden?*
- ✔ *Wie würde das Gespräch mit dem Kind am ehesten schiefgehen? Was sollte demnach vermieden werden?*

Jeder Beweggrund kann sinnvoll und angemessen sein. Wenn das Kind in der einen oder anderen Weise am Gespräch beteiligt wird, sollte ihm die jeweilige Absicht mitgeteilt werden. »*Heute wollen wir dir erklären, was passiert, wenn …*« oder »*Wir wollen mit dir gemeinsam überlegen, was am besten hilft bei …*« Auch bei problematischem Verhalten oder Regelverstößen sollte in Gesprächen mit Kindern unbedingt vermieden werden, das Kind währenddessen zu maßregeln. Ermahnungen wie »*Setz dich grade hin!*« oder »*Antworte endlich!*« tragen nicht dazu bei, dass das Kind gut kooperieren kann. Es wird sich als machtlos empfinden gegenüber den Erwachsenen und wenig beitragen. Dann wäre es besser, auf die Teilnahme zu verzichten. Ausnahmefälle sind Gespräche zur Wiedergutmachung zwischen Kindern oder pädagogische Gespräche mit dem Kind allein. Sie bedürfen besonderer Vorbereitung.

Sollten Sie sich gegen eine Teilnahme des Kindes am Elterngespräch entscheiden, bliebe die Alternative des Einbezugs Abwesender.

Wenn das Kind nicht am Gespräch teilnimmt oder ein Elternteil fehlt, kann dieser Person trotzdem eine Stimme verliehen werden. Die Person kann durch einen leeren Stuhl oder eine leere Karte für

deren Bedürfnisse symbolisiert werden und durch folgende Fragen
in das Gespräch einbezogen werden:

- ✔ *Was würde Ihr Sohn/Ihre Tochter dazu sagen?*
- ✔ *Welchen Wunsch hätte Ihr Mann an die Erzieherin, wenn er hier säße?*
- ✔ *Welche Lösung würde Ihr Kind bevorzugen, wenn es hier wäre?*
- ✔ *Wie würde sich xy fühlen, wenn er unser Gespräch mit angehört hätte?*

## 9.2 Große Runden

In großen Runden besteht die Herausforderung, dass viele Personen sprechen möchten und damit das Gespräch einerseits sehr lang werden kann und andererseits häufig vom Kernthema weggeführt. Es stellt sich die Frage, warum die große Runde in dieser Zusammensetzung ins Gespräch soll und ob wirklich die Beteiligung aller Personen zielführend ist. Kleingruppen sind in Gesprächen oft viel effizienter und ermöglichen mehr Beteiligung und Sprechanteile für die Beteiligten. In großen Runden sind die Gesprächsanteile oft unterschiedlich verteilt. Vielredner sind eine Herausforderung für den Moderierenden. Das ist nicht nur für diejenigen bedauerlich, die zu wenig zu Wort kommen. Es besteht auch die Gefahr, vom Thema abzuschweifen.

### 9.2.1 Vielredner – und wie Sie sie bremsen

Anbei einige Tipps, wie Sie wieder zum Thema zurückfinden und die Gesprächsanteile ins Gleichgewicht bringen:

1. Ziehen Sie stillere Teilnehmer vor. Fragen Sie gezielt, was diese Person dazu denkt oder wie sie die Sache sieht.
2. Senden Sie Vielrednern möglichst wenige Kontaktsignale. Sie können durch wenige Blickkontakte körpersprachlich eine Person einfach seltener ansprechen.
3. Unterbrechen Sie den Sprecher und fassen das Gesagte kurz zusammen. So führen Sie auf das Thema zurück und fragen nach, ob Sie das richtig verstanden haben. Sobald der Sprecher bestä-

tigt, können Sie eine andere Person ansprechen und zu Wort
kommen lassen.

4. Sprechen Sie an, dass alle Meinungen gehört werden sollen. So
   begründen Sie, dass sie nun die stilleren Teilnehmer erst einmal
   hören möchten.

5. Steuern Sie das Gespräch durch visuelle Rhetorik, also den Einsatz von Visualisierungen.

6. In besonders ungleich verteilten Gesprächen können Sie Ihren
   Eindruck auch ansprechen und andere fragen, ob sie es genauso
   empfinden. Das kann die Person, die viel spricht, allerdings vor
   den Kopf stoßen, sodass Vorsicht geboten ist.

Familie Sarkozi hatte schon öfter ein Gespräch mit dem Lehrer, sie
haben einen guten Kontakt. Dieses Mal will er mit ihnen über die
anstehende Klassenfahrt sprechen. Die Eltern hatten nicht zugestimmt und bisher argumentiert, dass ihnen die Klassenfahrt zu
teuer sei. Im jetzigen Gespräch hat der Vater einige Argumente,
die aus seiner Sicht gegen eine Klassenfahrt sprechen und spricht
fast ohne Pause. Der Lehrer fasst das Gesagte kurz zusammen:
»Sie haben einige Bedenken gegen die Klassenfahrt. Mir ist bisher
aufgefallen, dass ihre Frau sich noch gar nicht geäußert hat ...«
»Das ist bei uns immer so«, wirft der Vater ein. »Ich rede viel und
sie sagt wenig, auch zu Hause!« Der Lehrer fragt nach: »Ich würde
gerne wissen, wie ihre Frau das sieht«, er schaut die Mutter an.
Es entsteht eine kurze Pause. »Ich sehe das so wie mein Mann es
sieht.« Der Lehrer hakt nach: »Haben Sie denn schon mal mit ihrer
Tochter über die Klassenfahrt gesprochen?« »Ja, Elena spricht viel
über die Klassenfahrt. Es ist eigentlich auch ein bisschen traurig,
wenn sie nicht mitfährt. Ich weiß es nicht.« Der Lehrer bestätigt:
»Ja, das wäre sehr traurig für sie, als einziges Kind aus der Klasse
nicht mitzufahren. Alle ihre Freundinnen fahren ja auch.« ... »Ja ...«,
antwortet die Mutter nach einer kurzen Pause. Der Vater will wider-
sprechen, der Lehrer unterbricht ihn: »Einen Moment noch, bitte.
Ich habe vielleicht eine Idee. Würde es ihnen helfen, wenn wir über
das Geld sprechen? Vielleicht gibt es eine Möglichkeit.« Er schaut
die Mutter an. Sie nickt.

### 9.2.2 Methoden für große Runden

Insgesamt sind große Runden besser zu moderieren durch den Einsatz von Methoden oder durch einen vorgegebenen formalen Rahmen. Formulieren Sie diesen Rahmen schon in der schriftlichen Einladung, damit alle Beteiligten sich auf das Gesprächsziel und die Vorgehensweise einigen. Delegieren Sie die Aufgaben wie Zeitwächter und Protokollant zu Beginn und lassen Sie sich bestätigen, dass alle Beteiligten mit der vorgeschlagenen Vorgehensweise einverstanden sind. Oft ist eine Vorstellungsrunde notwendig. Selten werden Sie die Gruppe in Kleingruppen unterteilen, um in Gruppenarbeit etwas zu erarbeiten. Daher sind Protokoll und Visualisierungen die wichtigsten Stützen, um das Gespräch zu strukturieren. So können Sie den geplanten Ablauf auf ein Flipchart notieren, eine Pro- und Contra-Liste führen oder das Problem-Ursache-Schema nutzen (→ Kapitel 7). Dazu sollten Sie das Gespräch vorab gut planen, damit Sie sich über Ziele, Erwartungen und Methoden vorher klar sind.

## 9.3 Trennungs-, Scheidungs- und Patchworkeltern

Im Laufe der Kita- und Schulzeit trennen sich immer mehr Eltern. Das verändert auch die Elterngespräche. Manchmal gelingt es Eltern kaum, gemeinsam sachlich mit den pädagogischen Kräften über das Kind zu sprechen. Nicht selten äußert sich die Kränkung oder die Unzufriedenheit eines Elternteils über die (nicht mehr bestehende) Beziehung im Gespräch. Manchmal wünscht sich ein Elternteil, dass der Pädagoge ihm im Umgang mit dem anderen Elternteil hilft, damit der endlich etwas einsehen oder ändern soll. Das Kind braucht aber für ein gesundes Wachstum den guten Kontakt zu beiden Elternteilen. Daher helfen Sie dem Kind am meisten, wenn Sie sich neutral verhalten. Dazu gehört, dass beide Elternteile eine Einladung zum Gespräch erhalten, auch wenn sie nicht mehr den gleichen Wohnsitz haben. Die Organisation des Alltags ist für getrennte Eltern eine neue Herausforderung. Dafür sollte im Gespräch Zeit eingeräumt werden.

✔ *Gibt es ein Wechselmodell, nachdem das Kind von einem Elternteil zum anderen wechselt?*

✔ *Wie ist dafür gesorgt, dass das Kind alle nötigen Dinge für den (Schul-) Alltag bei einem Wechsel dabei hat?*

✔ *Wie ist der Schulalltag geregelt: Ausflüge, Elternabende, Klassenfahrten?*

✔ *Wer übernimmt die Verantwortung für die gute Kommunikation zwischen beiden Elternteilen? Wer kümmert sich darum? (Absprachen zu Schule/Hort)*

✔ *Brauchen die Eltern dabei Hilfe von einer Beratungsstelle?*

Als pädagogische Kraft können Sie keine Trennungsberatungen durchführen. Sie können jedoch auf die Notwendigkeit hinweisen, dass die Belange des Kindes gut geregelt sind. Oft sind Eltern emotional so stark betroffen, dass in dieser Zeit die Belange des Kindes in den Hintergrund rücken. Hier können Sie unterstützen. In Patchwork-Familien ist es manchmal sinnvoll, dass der neue Elternteil zu einem Gespräch dazukommt, wenn er im guten Kontakt zur Familie steht. Allerdings sind getrennte Eltern nur in Ausnahmefällen in der Lage, zu dritt ein Gespräch zu führen. Hier ist also abzuwägen, wer für das Gespräch wichtig ist und wer eventuelle Vereinbarungen im Alltag umsetzen kann. Auch Stief- und Pflegeeltern haben besondere Bedingungen in ihren Familien. Zahlreiche Motivationen, Gefühle und Ansprüche sind mit dieser komplexen Familiensituation verknüpft. Dazu kann eine pädagogische Einrichtung wenig beitragen, es gibt besondere Beratungen beim Jugendamt oder anderen Trägern. Für den Pädagogen ist lediglich hilfreich, die Hintergründe zu kennen.

## 9.4 Emotional aufgeladene Gespräche mit Eltern

Wenn intensive Emotionen im Gespräch auftauchen oder schon bestehen, haben diese genauso wie Störungen in Gesprächen Vorrang. Sie können benennen, welche Gefühle Sie beim Gegenüber wahrnehmen und verschiedene Angebote machen (Pause, Getränk, Taschentücher, …) Nach meiner Erfahrung ist es hilfreich, ein Gespräch an solchen Stellen zu entschleunigen. Pausen machen, schweigen und nachfragen gibt der Person die Möglichkeit, das Gefühl auszudrücken und sich wieder zu beruhigen. Fragen können sein:

✔ *Was macht Sie gerade so traurig, wütend, aufgeregt?*
✔ *Was würde Ihnen jetzt helfen, um ...?*
✔ *Ich sehe, Sie sind aufgebracht, ...*

Wichtig zu beachten ist, dass Elterngespräche kein therapeutischer
Kontext und die Grenzen der professionellen Arbeit schnell erreicht
sind. Wenn es also nach einer Pause oder Angeboten, die zur Beru-
higung beitragen sollen, nicht möglich ist, sich dem Thema des
Gespräches zuzuwenden, ist es besser, einen neuen Termin zu finden. Das Thema hat immer mit dem Kind zu tun und nur am Rande
mit den Emotionen der Eltern. Die Elternberatung in Kita, Hort und
Schule ersetzt keine Familientherapie. Sollten sich die Emotionen
auf die Arbeit der Einrichtung beziehen, finden Sie Anregungen im
→ Kapitel 9.5, Kritikgespräche.

### 9.4.1  Das Tal der Klagen und die Problemlösebrücke

Wenn Eltern aber – nachdem sie sich durch den Ausdruck ihrer
Gefühle entlasten konnten – in das Gespräch zurückfinden und
wieder bereit sind, weiterzuarbeiten, können Sie als Gesprächsleitung anbieten, dass man mehr Zeit des Gespräches darauf verwendet, die Wünsche und Bedürfnisse, die Ressourcen der Situation
oder die Lösungsideen wieder in den Fokus zu nehmen. Wenn miteinander Lösungen erarbeitet werden sollen, wie etwas verändert
oder verbessert werden kann, dann benötigen Sie für diese auch
den größeren Teil der Gesprächszeit. Sie können nach den ersten
Äußerungen diese Fragen sozusagen als Abkürzung anbieten. Das
ist insbesondere dann möglich, wenn die Klagen oder Beschwerden
schon häufiger Gesprächsthema waren und nichts Neues für das
aktuelle Gespräch ergeben.

Katz (2014) nennt diese Methode auch die Problemlösebrücke
(vgl. Abbildung 3): »Dabei nutzt die Methode die Metaphern einer
Brücke und die des ersehnten Ufers (»Jenseits des Problems«), um
schwierige Situationen zu überwinden, [...]« (Katz, S. 174) Sie schlägt
darin die Arbeit mit Metaphern vor, wie z. B. einer Expeditions-
gesellschaft, die durch unwegsames Gelände und Täler der Ratlosigkeit wandern muss, bis sie in das ersehnte Gebiet (das Land jenseits
des Problems) gelangt. Es folgt eine Brückenbau-Aktion, die erst am

**Abbildung 3:** Problemlösebrücke (vgl. Lindner, 2015, S. 181)

Ende in realitätsbezogene und konkrete Aktionen für die gegenwärtigen Schwierigkeiten übersetzt wird (ebd., S. 176 ff.)

Die Arbeit mit Metaphern ist sicher im Beratungskontext passender als in der Elternarbeit. Deswegen wird sie hier nur kurz angerissen.

### 9.4.2 Die zweitbeste Lösung

In emotional aufgeladenen Situationen haben Eltern manchmal sehr konkrete Vorstellungen, wie die Situation gelöst werden sollte. Nicht immer sind diese Wünsche erfüllbar. Hier schlägt Baumer (2017, S. 69) die Frage nach der zweitbesten Lösung vor. Gemeint ist damit, nicht den unerfüllbaren Wunsch zu diskutieren und damit die Unlösbarkeit des Problems zu verfestigen, sondern bald auf weitere Lösungsideen zu fokussieren.

Nadja besucht die Sternengruppe des Kindergartens. Die wird auch von Emilia besucht, die Nadja gestern im Streit geschubst hat. Nadja ist unglücklich gefallen und hat nun blaue Flecken. Darüber sind die Eltern sehr aufgebracht, sie wünschen, dass Nadja die Gruppe wechselt, um vor Emilia geschützt zu sein. Die Eltern halten Emilia für impulsiv und wenig berechenbar und fürchten, dass sich ein solcher Vorfall wiederholt. Die Leitung des Kindergartens, Frau Schwarzer, weiß, dass die beiden Mädchen schon öfter miteinander gespielt haben und sonst ihre Konflikte gut aushandeln konnten. Außerdem sind die anderen Gruppen voll belegt. In der Vergangenheit hat sie schlechte Erfahrungen damit gemacht, Elternwünschen nach Gruppenwechsel zuzustimmen; es hatte eine Welle ausgelöst, in der mehrere Eltern für ihr Kind aus geringeren Gründen die Gruppe wechseln wollten. Sie begründet daher den Eltern, dass sie die Situation zwischen den Mädchen anders einschätzt. Sie erzählt von Beispielen, als die beiden gut miteinander gespielt hatten und berichtet, dass Emilia kein aggressives Mädchen sei. Die Eltern stimmen dem zu, Emilia war ja auch auf dem letzten Kindergeburtstag eingeladen und es gab bisher keine Probleme. Frau Schwarz fragt daher nach:»Ein Gruppenwechsel wie Sie ihn wünschen ist aus meiner Sicht im Moment nicht ratsam und auch in unserer Einrichtung so nicht vorgesehen. Ich habe verstanden, dass Sie befürchten, Nadja könnte sich noch mal verletzen. Was wäre aus Ihrer Sicht die zweitbeste Lösung, was wir tun können? Wie können wir Ihr Vertrauen wieder gewinnen?«

## 9.5 Kritikgespräche

Da Kritik von Eltern und anderen Stellen an pädagogischen Kräften immer mehr zuzunehmen scheint, ja sogar medial en vogue ist, wie die zahlreichen Filme und Berichte zum Thema nahelegen, widme ich diesem Thema ein eigenes Kapitel. Hinter Elternkritik steht oft eine Sorge, eine Befürchtung oder ein Bedürfnis. Allerdings fühlen sich Pädagogen durch Kritik von Eltern schnell angegriffen. Die Arbeit ist größtenteils unsichtbar, teilweise verhältnismäßig schlecht bezahlt und dazu noch oft in der öffentlichen und medialen Kritik. Lob und Anerkennung sind dagegen vergleichsweise selten. Viele Erzieher und Lehrer würden sich daher über eine Würdigung durch ein Dankeschön von Elternseite sehr freuen! Leisten Sie doch tagtäglich unter manchmal schwierigen Bedingungen eine wichtige und wertvolle Arbeit! Gelungenes ist jedoch seltener Anlass von Gesprächen als Kritik. Insbesondere in Kita und Grundschule halten sich einige Eltern durchaus für gleichermaßen qualifiziert und übersehen, dass diese Berufe eine intensive Ausbildung und täglich einen hohen Einsatz mit sich bringen. Vor diesem Hintergrund wird verständlich, warum Kritik von Eltern schnell als kränkend aufgefasst wird. Aber genau hier ist professionelle Distanz wichtig. Welche Befürchtung oder welches Bedürfnis steckt hinter der Kritik? Wurde tatsächlich etwas übersehen oder gab es Missverständnisse? Lässt sich etwas verbessern? Kann man den Elternwunsch nachvollziehen und ihm entgegenkommen? Eltern haben schließlich keine Ausbildung für die Erziehung ihrer Kinder abgeschlossen, die Pädagoginnen sehr wohl! Wir wissen daher um den Nutzen und das Potenzial einer guten Kooperation für die Entwicklung des Kindes. Es lohnt sich die Anstrengung, der Kritik auf den Grund zu gehen und die Kooperation wieder neu aufzubauen. Dazu hilft Ihnen dieser Ablauf:

1. Wenn Eltern aufgeregt sind, ist es besonders wichtig, sich auf das Gesprächsthema zu einigen.
2. Lassen Sie dem Elternteil Zeit, Dampf abzulassen, ohne dagegen zu argumentieren. Bleiben Sie so gelassen, wie es Ihnen möglich ist.
3. Befragen Sie den anderen Elternteil, ob er mit der Sichtweise übereinstimmt. (Hier ist es besonders wichtig, dass beide Elternteile zum Gespräch kommen!)
4. Lassen Sie nur das vereinbarte Gesprächsthema zu. Alle weiteren Kritikpunkte oder Themen sollten zu einem anderen Termin besprochen werden.
5. Fragen Sie nach, um wirklich zu verstehen, was die Eltern gestört oder gekränkt hat.
6. Zeigen Sie – wenn möglich – Verständnis für die Gefühle der Eltern. Das können Sie tun, ohne mit dem Ergebnis oder der Bewertung einverstanden zu sein!
7. Fragen Sie danach, was die Eltern sich jetzt wünschen und wie die Situation aus Ihrer Sicht verbessert werden kann. So entdecken Sie gemeinsam Ansatzpunkte zur Weiterarbeit und wenden den Blick in Richtung Lösungen.
8. Handeln Sie aus, welche Wünsche erfüllbar sind.
9. Laden Sie ein, wieder Vertrauen zu entwickeln. Bestätigen Sie den Eltern, dass Sie das Kind mögen und es bei Ihnen in den besten Händen ist!

Hilfreich und wirkungsvoll zum Umdeuten von Vorwürfen und Du-Botschaften ist die Methode des *Reframings*. Formulieren Sie die Botschaft der Eltern so, dass sie emotional entschärft wird und der Sachverhalt klarer hervortritt. Damit wird es einfacher, im Dialog zu bleiben. Oft gibt es ja in anderen Positionen auch einen Kern, den man nachvollziehen kann:

✔ *Was wünschen Sie sich von ...?*
✔ *Wie kann ich Sie unterstützen?*
✔ *Ich kann an Ihrer Argumentation verstehen, dass ...*
✔ *Ich kann Ihnen folgen in dem Punkt, ...*

Damit helfen Sie dem Gegenüber, aus Vorwürfen Wünsche werden zu lassen, denn Wünsche kann man grundsätzlich besser verstehen, annehmen oder verhandeln. Das ist die sogenannte VW-Regel (→ Kapitel 3.5).

Wilma ist vier Jahre alt und gerade umgezogen. Sie soll neu in den Kindergarten aufgenommen werden. Sie hat eine starke Nussallergie und braucht ein Notfallpäckchen. Der Vater schreibt dem Leiter der Einrichtung, dass er die Erzieherin am ersten Tag der Eingewöhnung einweisen werde. Der Leiter Herr Kübner weist den Vater daraufhin, dass die Erzieherin sich erst einverstanden erklären muss und eine ärztliche Verordnung vorliegen muss. Der Vater schreibt in zwei weiteren Mails, dass er mit der Speicherung der Daten nicht einverstanden ist und auch die Verlegung des Schließungstages ihm ungelegen kommt. Herr Kübner vermutet eine Störung in der Kommunikation und lädt die Eltern von Wilma nochmals zum Gespräch ein. Es stellt sich heraus, dass der Vater den Hinweis auf die Zustimmung der Erzieherin so aufgefasst hat, dass Wilma eventuell nicht in den Kindergarten kommen könne oder die Notfallversorgung eventuell nicht durchgeführt würde. Der Vater ist etwas aufgebracht und vermutet, dass seine Tochter aufgrund der Komplikationen vom Kindergarten abgelehnt werden soll. Herr Kübner bedauert das Missverständnis und kann die Sorge der Eltern nachvollziehen. Er erklärt, dass die Einrichtung sich an die gesetzlichen Regelungen zur Medikamentenvergabe halten muss, insbesondere zum Schutz der Kinder, aber auch zum Schutz der Erzieherinnen. Er bereitet die Unterlagen vor und vereinbart einen Termin zur Einweisung, da die Mitarbeiterin ihre grundsätzliche Bereitschaft schon erklärt hatte. Ihm ist im Laufe des Gespräches aufgefallen, dass die Eltern für die Notsituation ihres Kindes besondere Aufmerksamkeit benötigen und es wichtig ist, im regelmäßigen Kontakt durch weitere Gespräche Vertrauen aufzubauen. Die Eltern hatten von einem Notfall berichtet,

den sie mit ihrer Tochter vor einem Jahr erlebt hatten. Seitdem sind
sie sehr besorgt um sie.

Auch wenn Sie Kritik am Verhalten der Eltern üben, sollten Sie diese
VW-Regel beachten. Bedenken Sie dabei, dass Sie allein durch Ihre
Profession und die Einladung zum Gespräch eine Machtposition
innehaben. Wenn Sie also auch zukünftig mit den Eltern gut kooperieren wollen, ist es klug, auch Ihre eigene Kritik als Wunsch zu formulieren, und zwar dann, wenn sich die Emotionen etwas gelegt
haben.

### 9.5.1  Konkurrenzsituationen

Wenn Eltern Kritik üben, entsteht nach meiner Erfahrung schnell
eine konkurrenzähnliche Situation zwischen dem Pädagogen und
den Eltern. In zahlreichen Fällen sind Eltern überzeugt, dass das
Problem daher kommt, dass die Lehrkraft einen Fehler macht oder
etwas übersieht – Lehrerinnen auf der anderen Seite kommen teilweise zu dem Schluss, dass das Verhalten der Eltern das (einzige)
Problem ist. Eine solche gegenseitige Einschätzung führt schnell in
die Eskalation. Ausgehend vom systemischen Ansatz sind wir Pädagoginnen Teil des Systems – und damit Teil des Konflikts. Im besten
Fall sind wir auch Teil der Lösung. Das gelingt dann, wenn wir uns
vor Augen führen, dass die Eltern das Beste für ihr Kind wünschen,
auch wenn sie damit häufig etwas anderes meinen als die pädagogischen Kräfte. So können Sie zu einer wertschätzenden Haltung
zurückfinden.

Lena ist ein Kind mit sonderpädagogischem Förderbedarf. Sie lernt
langsamer, ihr IQ ist ermittelt worden und er ist niedriger als der
Durchschnitt in der Altersgruppe. Für Klassenarbeiten erhält sie
eine differenzierte Arbeit auf ihrem Lernniveau. In der letzten Arbeit
hat Lena diese Arbeit verweigert, sie wollte die gleiche Arbeit wie
die anderen Kinder erhalten. Dieser Konflikt ist nun Thema mit den
Eltern, Herrn und Frau Longewitz. Sie kritisieren die Lehrerin und
behaupten, Lena sei nur wegen ihr behindert, sie würde ihr die Inhalte
nicht richtig beibringen und ihr nichts zutrauen. Die Lehrerin ist über
diesen Angriff sehr verärgert, schließlich bemüht sie sich täglich um

Lena und ihr Vorankommen. Sie vermutet, dass Lena die Arbeit verweigert, weil die Eltern die Arbeit der Lehrerin kritisieren anstatt sie
zu unterstützen. Das Gespräch steigert sich zu gegenseitigen Vorwürfen. Die Förderlehrerin Frau Sören unterbricht das Gespräch und
schlägt vor, dass alle noch einmal zu Hause überlegen, wie nun weiter
mit Lena gearbeitet werden soll. Im folgenden Gespräch wünschen
die Eltern, dass Lena zukünftig die gleichen Arbeiten erhält wie die
anderen Kinder. Die Klassenlehrerin lässt sich darauf ein, weil sie
einen weiteren Machtkampf verhindern möchte. In den folgenden
Arbeiten löst Lena einen Teil der regulären Aufgaben.

## 9.5.2 Kritik konstruktiv formulieren

Ob nun Eltern Sie kritisieren oder Sie selbst mit einem Vorgehen
von Eltern nicht einverstanden sind, Kritik zielt immer darauf, dass
die andere Partei etwas ändern soll. Dazu gehört der Gedanke, ob
Sie als Teil eines Konfliktes vielleicht dazu beitragen und was Sie
ändern könnten. So gelingt es einfacher, die Kritik fair zu formulieren. Dazu bieten sich nach Schwing (Seminarunterlagen, 2016) folgende Schritte an, die der Gewaltfreien Kommunikation nach Rosenberg (2005) ähneln:

1. Beschreiben Sie das Verhalten/das Vorgehen, das Sie stört.
2. Benennen Sie, was »das mit Ihnen macht«, also Ihre Gefühle und
   Reaktionen als Ich-Botschaften.
3. Formulieren Sie konkret, was Sie sich wünschen als positive Aussage. Fragen Sie nach, was der andere tun wird.
4. Falls nötig: Benennen Sie gegebenenfalls Konsequenzen, die dieses störende Verhalten haben wird.

Frau Michels bringt ihre Zwillinge morgens immer wieder zu spät in
den Kindergarten. Oft sitzen schon alle Kinder im Kreis zusammen
und sie öffnet die Tür, wechselt ein paar Worte mit der Erzieherin und
bringt die Kinder. Damit ist der gemeinsame Beginn für die Gruppe
gestört. Die Erzieherin versteht, dass Frau Michels mit den Zwillingen
alle Hände voll zu tun hat. Daher hat sie bis jetzt noch nichts gesagt,
es stört sie jedoch. Sie spricht Frau Michels am Nachmittag an und
erklärt ihr, warum es ihr wichtig ist, dass der Morgenkreis ungestört
verläuft. Auch die beiden Zwillinge möchten gerne dabei sein.

Diese Aussagen sollten Sie in wenigen Sätzen vermitteln. Das fällt nicht immer leicht. Hilfreich ist es dann, sie vorher aufzuschreiben, um sich auf die wesentlichen Aussagen zu fokussieren. So vermeiden Sie, durch lange Vorträge Ihr Gegenüber in die Defensive zu treiben.

Es ist offensichtlich, dass auch Eltern (insbesondere auch Eltern aus einem therapeutischen oder pädagogischen Kontext) so auf Sie zukommen können mit klar formulierter Kritik. Dann ist es nur fair und angemessen, zu prüfen, ob die Möglichkeit besteht, die Kritik anzunehmen und den Wünschen entgegenzukommen. Ich finde es hilfreich, in einem solchen Moment Zeit zum Nachdenken auszuhandeln. Dann kann man bis zu einem neuen Termin beide Positionen überdenken und in einer entspannten Situation eine Entscheidung treffen. Selten sind Anliegen so zeitkritisch, dass man sich direkt dazu äußern muss!

### 9.5.3 Mit der eigenen Verletzlichkeit umgehen

Pädagogische Kräfte leisten ihre Arbeit oft mit viel Herzblut und weit über den Dienst nach Vorschrift hinaus, oft und gerade dann, wenn ein Kind es schwerer hat. Umso verletzender wird Kritik dann häufig empfunden. Insbesondere wenn es um ein Kind mit besonderen Bedürfnissen und besonderem Bedarf geht, haben Lehrerinnen oft Zweifel, ob sie dem Kind tatsächlich gerecht werden können – in dem Rahmen, den ihre Institution eben für die Arbeit bietet. Viele Lehrkräfte kompensieren durch besonderes Engagement, was die Einrichtung, die Eltern oder das Kind selbst nicht leistet, sie gleichen es durch eigene zusätzliche Anstrengungen aus. Gerade diese Anstrengung und die eigenen Zweifel können im Fall von Kritik das Gefühl von Verletzung noch verstärken. Für ein Kritikgespräch bedeutet dies, die eigenen empfindlichen Stellen gut zu schützen. Lassen Sie sich nicht in die Defensive bringen, in der Sie aus der Verletzung agieren und womöglich überreagieren. Bereiten Sie sich vor und planen Sie, was Sie zu Ihrem eigenen Schutz im Gespräch benötigen. Das kann eine vorbereitende Sitzung, eine Beratung oder ein Kollege als Unterstützung im Gespräch sein. Machen Sie sich vorher klar, welche Zweifel oder empfindsamen Themen Sie selbst haben, damit Sie im Gespräch souverän reagieren können.

### 9.5.4 Mit eigenen Fehlern umgehen

»Seien Sie freundlich zu Ihren Fehlern – und zu sich!«, so betiteln Schwing und Fryszer (2014, S. 148) ein Kapitel, das sich mit Fehlern auseinandersetzt. Dazu empfehlen sie die folgenden Fragen: »Ging was schief, weil ich das Opfer ungünstiger Zustände war? War es reiner Zufall, dass die Sache schief ging? Oder gab es etwas, was ich hätte tun oder lassen können, damit die Sache doch geklappt hätte?« (2014, S. 150) Vielleicht haben Sie einen wahren Kern in einer Kritik gefunden. Dann sind Sie damit schon einen wichtigen Schritt gegangen, nämlich sich zu hinterfragen und Verantwortung für den Fehler zu übernehmen. Nun, da Sie das geschafft haben, sollten Sie nachsichtig mit sich sein! Nachdem Sie den letzten Fehler korrigiert haben, können Sie wieder nach vorne schauen. Fragen, die in die Zukunft weisen, sind:

- ✔ *Was können Sie zukünftig anders machen?*
- ✔ *Wie gelingt Ihnen das?*
- ✔ *Wo stehen Sie in Ihrer Entwicklung und was wollen Sie lernen?*
- ✔ *Was brauchen Sie noch, um das zu lernen?*

### 9.6 Wenig kooperationsbereite Eltern

Manche Eltern blockieren oder sie sind blockiert. Dazu gibt es bestimmte Sätze, die sie sicher aus zahlreichen Gesprächssituationen kennen. Diese Sätze können den Gesprächsfluss ins Stocken bringen. Im Umgang mit Widerständen ist es wichtig, diese Widerstände nicht zu bekämpfen, sondern ernst zu nehmen. Auch wenn Sie die Ursache für den Widerstand nicht kennen, gibt es trotzdem einen für diese Person wichtigen Grund. Die Lösung kann also nicht ein Machtkampf sein. Viel gewinnender wirkt es, wenn Sie bei Blockadesätzen genau nachfragen (vgl. Tabelle 5).

**Tabelle 5:** Blockadesätze mit Fragen auflösen

| Blockadesätze | Fragen |
|---|---|
| **Verallgemeinerungen:**<br>Das ist doch immer so!<br>Das machen doch alle so! | Wie könnte es sonst noch gehen?<br>Wie könnte man es auch noch<br>machen? |
| **Unspezifische Äußerungen:**<br>So geht das nicht!<br>Das finde ich blöd! | Was meinen Sie mit so?<br>Was genau finden Sie blöd? |
| **Gedanken lesen:**<br>Das macht unser Sohn nie mit!<br><br>Die will einfach nicht! | Was macht Sie so sicher, dass er<br>nicht mitmachen wird?<br>Wie kommen Sie darauf, dass sie<br>nicht will? |
| **Blockaden:**<br>Das geht nicht!<br><br>Das schaffen wir nicht! | Was müsste sich verändern, damit<br>es geht?<br>Was bräuchte Ihre Familie, um eine<br>gute Chance zu haben? |

Durch das Nachfragen können Ressourcen in den Blick genommen werden und Widerstände genauer betrachtet werden. Das ermöglicht insgesamt ein besseres Verständnis der Situation.

### 9.6.1 Klagende Eltern, die nichts verändern wollen

In einigen Fällen sind Eltern Klagende, die jede Veränderung scheinbar ablehnen, schon vieles ausprobiert haben und mit dieser Argumentation jeden neuen Vorschlag ablehnen. Je mehr Sie sich bemühen, konstruktive Vorschläge einzubringen, umso mehr Abwehr entwickeln diese Eltern. Sie scheinen immer tiefer im Tal der Klagen zu versinken. Es handelt sich hier um eine sogenannte komplementäre Eskalation, je mehr Sie sich anstrengen, desto weniger Bereitschaft entsteht auf der anderen Seite. Diese Eltern scheinen klagen zu wollen, ohne etwas zu verändern. Mir fällt dazu das Bild der Wippe ein, je mehr Gewicht Sie auf Ihrer Seite auf die Wippe auflegen, umso höher steigt sie auf der anderen Seite. Sie müssten sich – sinnbildlich gesprochen – leichter machen, damit auf der anderen Seite wieder etwas in Bewegung geraten kann. Erst wenn es keinen Handlungsdruck mehr gibt, kann sich hier wieder etwas bewegen.

Herr Beirau klagt über seine Familiensituation: »Je mehr ich mich um meine Tochter bemühe, umso mehr mache ich in den Augen meiner Frau falsch. Wenn ich sie ins Bett bringe, mache ich das angeblich falsch und zu wenig engagiert, wenn ich ihr aber vorlese, heißt es, ich solle sie selber lesen lassen oder es wird zu spät. Wenn ich ihr das Fernsehen erlaube, heißt es, das sei nicht gut vor dem Schlafengehen, wenn ich es aber abends verbiete und Klara weint, heißt es, ich sei zu streng. Ich weiß wirklich nicht mehr, was ich noch tun soll, und jetzt kommen Sie und sagen, ich solle mehr Zeit mit ihr verbringen ...« Die Erzieherin Frau Palm versucht zu helfen: »Haben Sie denn schon mal mit Ihrer Frau darüber gesprochen? Vielleicht können Sie ja einheitliche Regeln aufstellen ...« »Habe ich alles schon probiert. Wir geraten sofort in Streit. Und Regeln, das ist eigentlich nichts für mich. Ich möchte das lieber spontan entscheiden, so wie Klara und ich drauf sind ...« Frau Palm weiß auch keinen Rat mehr. »Ja, Herr Beirau, das scheint ja wirklich sehr verfahren.« Sie macht eine Pause. »Da haben Sie es wirklich nicht leicht!« »Ja, das können Sie wohl sagen. Sie verstehen mich wenigstens.« »Ich glaube, ich kann ihnen da auch nicht weiterhelfen!« »Ja ...« »Wie halten Sie das denn aus?« »Ja, ich liebe ja meine Familie. Ich möchte ja auch, dass sich was verbessert. Anfangs war das ja auch nicht so, erst seit ich so viel auf Geschäftsreisen bin ...«

Dabei entscheiden Sie nach eigenem Ermessen, wie lange das Jammern und Klagen noch gut tut, wann es sinnvoll erscheint, Druck zu vermindern, oder wann es eher hilft, das Jammertal zu überwinden und über neue Perspektiven zu sprechen. Dazu ist es sinnvoll, nicht zu tief in das Klagen und Lamentieren einzusteigen und eine Alternative anzubieten, indem man über Hoffnungen, Wünsche und Bedürfnisse spricht.

Frau Hofmann ist selbst Förderlehrerin und macht sich Sorgen über ihren Sohn Michael. Der ist eigentlich clever und auch beliebt bei anderen Kindern, er hat jedoch auch in der 2. Klasse nur schwer das Lesen erlernt. Dadurch hat er mit vielen Aufgabenstellungen Schwierigkeiten, auch wenn sie ihm vorgelesen werden. Zusätzlich strengt er sich zwar an, wenn die Lehrerin Frau Stark ihm hilft, allein kann er jedoch noch keine Aufgabe zu Ende führen. Frau Hofmann erkennt die Bemühungen der Lehrerin an, als Förderlehrerin erkennt sie jedoch kleine Verfahrensfehler, auf die sie immer wieder hinweist. Der Förderplan wäre zu spät erstellt, die Schulleitung hätte nicht unterschreiben brauchen und auch der Sachunterricht hätte aufgenommen werden sollen. Im anstehenden Gespräch beklagt sie die formalen Mängel und belegt sie mit Paragrafen. Sie wirft der Lehrerin vor, Michael nicht richtig zu verstehen und seine besondere Situation nicht anzuerkennen. Die Schulleiterin unterbricht das Klagen und fragt nach, was denn ihr Wunsch für Michael sei. Sie antwortet, sie wünsche sich die freiwillige Wiederholung der Klasse, und gesteht ein, dass Michael auch in der emotionalen Reife noch nicht altersgemäß entwickelt sei. Auf weiteres Nachfragen erklärt sie, dass sie zudem befürchtet, dass Michael sonderpädagogisch überprüft werden sollte und damit der Förderbedarf für ihn festgestellt werden könnte. Frau Stark erläutert, dass dies nicht ihre Absicht ist. Obwohl die Klassenlehrerin daran zweifelt, ob die Wiederholung tatsächlich bei den Lernproblemen hilft, stimmt sie letztlich zu.

### 9.6.2 Gespräche mit nicht kooperierenden Eltern

Manche Eltern sind so blockiert, dass man sie kaum an den gemeinsamen Tisch bekommt. Termine sind schwer zu vereinbaren oder werden vergessen oder kurzfristig abgesagt. Dafür haben Eltern Gründe, das hilft jedoch im Alltag den Pädagoginnen nicht. Haim Omer und Arist von Schlippe (2016) empfehlen in ihrem Buch *Stärke statt Macht* in einem solchen Fall klare Worte, wie im folgenden Beispiel veranschaulicht:

Frau Miesebach ärgert sich über die Eltern von Milos. Im ersten Schuljahr hatten sie vereinbart, dass kleinere Vorkommnisse des Unterrichts im Merkheft notiert werden sollen. Mittlerweile kommentieren die Eltern jeden ihrer Einträge. Auf Gesprächseinladungen reagieren sie nur noch zögerlich, das letzte Gespräch hatten sie ganz kurzfristig abgesagt. Frau Miesebach möchte jedoch vor dem nächsten Ausflug noch einiges klären. Sie ist sich gar nicht sicher, ob Milos mitkommen kann. Leicht gereizt ruft sie bei den Eltern an. Sie erklärt: »Ich weiß, dass sie nur noch wenig Lust haben, zu einem Gespräch zu kommen. Und offen gesagt, mir geht es genauso. Ich wäre aber bereit, noch mal einen Versuch zu unternehmen. Ich glaube, dass wir Milos nur gemeinsam helfen können. Wären Sie dazu auch bereit?«

Auch Bündnisse können das Gewicht Ihrer Argumente für ein Gespräch erhöhen. Wenn Eltern einen Termin mehrfach absagen, hilft es oft für das Zustandekommen, wenn bei der nächsten Einladung auch die Leitung, der Schulpsychologe oder die Familienhelferin dazu eingeladen wird. So entsteht ein gewisser sozialer Druck, der helfen kann, dass die Eltern erscheinen, nicht aber unbedingt, dass sie gerne kommen und kooperationsbereit sind. Wenn Sie das Zustandekommen des Termins nicht durchsetzen, überlassen Sie damit den Eltern die Entscheidungsmacht, ob ein Gespräch stattfindet. Das würde bedeuten, dass das Gespräch nicht wichtig wäre.

Es gibt aber auch Eltern, die sich in Lebenssituationen befinden, die ihnen eine Kooperation schwer machen. Wenn sie beispielsweise den Alltag nur mit Mühe und Unterstützung bewältigen oder gerade aus einer Kur oder psychosomatischen Klinik zurückgekehrt sind, reagieren Eltern auf Anfragen und Gesprächstermine häufig überfordert. Dann muss die Einrichtung im Rahmen ihrer Möglichkeiten das Beste für das Kind bewirken – ohne die Mithilfe der Eltern. Aich und Behr (2015) formulieren für solche Situationen: »Hier hilft es aus unserer Sicht nicht, den Eltern endlos ›hinterherzujagen‹, sondern ab einem gewissen Zeitpunkt zu akzeptieren, dass die Eltern zur Mitarbeit nicht bereit oder fähig sind. […] Die Lehrkraft muss realisieren und akzeptieren, dass sie die Eltern in einer aktiven Haltung braucht, um schwierige Situationen zu verändern oder Probleme zu lösen« (S. 71 f.).

## 9.7 Sonderfall: Onlineberatung

Seit einigen Jahren ist zu den Möglichkeiten, Gespräche in Präsenz und telefonisch durchzuführen, die Option der Onlinegespräche hinzu gekommen. Dieses Format bietet Vor- und Nachteile, die Sie abwägen können.

Wenn das Lernmanagementsystem eine Option für Onlinegespräche bietet und diese etabliert sind, ist das eine einfache und kurzfristige Möglichkeit, sich auszutauschen. Wenn eine Videoplattform verwendet wird, die einer oder beiden Parteien wenig vertraut ist, ist mit Hürden zu rechnen.

Vorteile im Elterngespräch können sein:

✔ *Verglichen mit dem Telefonat vermittelt das Onlinegespräch die Gestik und Mimik zumindest zum Teil.*

✔ *Ton und Bild können mehr Präsenz vermitteln als ein Telefonat, aber weniger als ein physisches Treffen.*

✔ *Auch Elternteile mit geringen Zeitressourcen können so eher eingebunden werden, da die Fahrtzeit entfällt.*

✔ *Zusätzliche Tools wie die Chatfunktion oder das Teilen von Dateien oder Bildschirm ermöglichen, dass Sie Informationen zum Gespräch digital verfügbar machen können.*

Nachteile im Elterngespräch wären:

✔ *Für ein flüssiges Gespräch wird eine stabile Internetverbindung benötigt, ansonsten ergeben sich zusätzliche Störungen im Gespräch.*

✔ *Blickkontakt ist nicht möglich, man schaut sich nicht in die Augen (sogenannter divergenter Blick).*

✔ *Für die Moderation können Ihnen hier wichtige zusätzliche Informationen (Gestik, Mimik, Körperhaltung) entgehen.*

✔ *Es besteht die Gefahr einer möglichen Überforderung. Durch den statischen Fokus auf den Bildschirm ist eine hohe Konzentration erforderlich, auch komplexe Inhalte lassen sich hier schwieriger vermitteln.*

✔ *Um lediglich Informationen und Nachrichten zu vermitteln, ist der vorbereitende Aufwand höher als eine Mitteilung in der Postmappe.*

Insbesondere wenn Sie die Eltern bisher nicht persönlich sprechen konnten, sollten Sie das physische Treffen vorziehen. Hier können Sie die Person ganzheitlicher kennenlernen und merken, wann Ihr Gesprächspartner eher entspannt reagiert und wann Spannung entsteht.

Auch konflikthafte Gespräche eignen sich nicht für den Online-
kontext, da hier zusätzliche Hürden auftreten können. Ich verglei-
che die Onlinesituation gerne mit dem Betreten eines Grundstückes.
Bevor man sich in einem Raum trifft, müssen hierfür zuerst die tech-
nischen Hürden genommen werden, Link finden, Kamera und Mik-
rofon an- oder ausstellen, Lautstärke regeln und den Tab oder die
Ansicht der Sprechenden einstellen – parallel zu der Situation, den
Raum eines Meetings zu finden. Wenn diese digitalen Kompetenzen oder die nötige Ausstattung nicht vorliegen, ist das Onlinefor-
mat zunächst eine Herausforderung, und das kann die Sachthemen
überlagern. Sie können sich also fragen:

✔ *Verträgt das Vorhaben für das Gespräch eine weitere Heraus-*
   *forderung?*
✔ *Sind Sie und sind die Eltern digital kompetent und ausgestat-*
   *tet, um das Gespräch in dieser Weise zu führen?*
✔ *Wer profitiert davon, das Gespräch online zu führen?*
✔ *Wie können Sie die Eltern so „abholen", dass sie auch digital*
   *gut ins Gespräch finden?*

# 10 Konfliktgespräche

## 10.1 Konfliktmodelle und Lösungsansätze

Um über Konflikte nachzudenken, ist es interessant, sich Konflikt-
modelle anzuschauen, denn »in Konflikten ticken Systeme anders«
(Schwing, 2016: Seminarunterlagen). Es gibt unterschiedliche Stadien und damit auch verschiedene Ansätze zur Lösung – oder auch
die Einschätzung, dass ein Konflikt nicht lösbar ist.

### 10.1.1 Kommunikationsmodell nach Schulz von Thun

Weit verbreitet ist das Kommunikationsmodell nach Schulz von
Thun, auch Vier-Seiten-Modell genannt. Demnach kann jede Aussage auf vier Ebenen verstanden werden. So kann jede Äußerung
als Sachaussage, als Aussage über die Beziehung, als Appell und als
Selbstaussage verstanden werden. Es liegt sehr wesentlich an den
Erwartungen des Hörers, welche Aussage vorrangig verstanden wird.
Nach meinen Erfahrungen in Arbeitsgruppen hören Personen häufiger auf unterschiedlichen Ohren, sie nehmen also die eine oder
andere Aussage vorrangig wahr.

●▶ Übung Dies ist ein Vorschlag zur Selbstbeobachtung: Auf welchem »Ohr« hören Sie Äußerungen vorrangig? Welches »Ohr« funktioniert bei Ihnen besonders gut?

> Die Mutter bringt Sabrina morgens bis an die Tür des Klassenzimmers.
> Dort bleibt sie an der Tür stehen und schaut in das Klassenzimmer.
> Dieser Sachverhalt lässt sich nach dem Vier-Seiten-Modell ganz
> unterschiedlich interpretieren.
> Sachaussage: Die Mutter wartet und schaut.
> Appell: Sie möchte, dass die Lehrerin kommt und sie begrüßt. *Oder:*

Sie möchte, dass Sabrina ihre Schulsachen ordentlich verstaut/ ihren Sitzplatz einnimmt.

Beziehungsaussage: Sie möchte beachtet und gerne persönlich von der Lehrerin begrüßt werden. *Oder:* Sie möchte, dass Sabrina sich bedankt, da sie ihr den Ranzen bis zum Klassenraum getragen hat.

Selbstaussage: Die Mutter interessiert sich für das Geschehen in der Klasse. *Oder:* Es fällt ihr noch schwer, ihre Tochter selbstständig in die Schule gehen zu lassen.

Im Fall von Konflikten ist es nach meiner Erfahrung hilfreich, den Aspekt der Selbstaussage vorrangig zu hören. Wenn Eltern also eine Beschwerde oder ein Anliegen formulieren, ist es zuerst ihr Gefühl und ihr dahinter liegendes Bedürfnis. Damit liegt die Verantwortlichkeit zunächst beim Betroffenen, dem Sie mit Interesse entgegenkommen können.

●▶ Übung Das Hören von Selbstaussagen kann man im privaten Kontext sehr gut üben. In Diskussionen im engeren Familienoder Freundeskreis können Sie trainieren, anstelle eines Appells oder einer Beziehungsaussage zuerst Vermutungen zur Selbstaussage einer Äußerung anzustellen. Was bewegt diese Person? Was teilt sie über sich selbst mit?

## 10.1.2 Symmetrische und komplementäre Kommunikation

Nach Watzlawick (1969) ist Kommunikation symmetrisch, wenn die Gesprächspartner gleichstark sind oder komplementär, wenn es ein Machtgefälle gibt (das sogenannte 5. Axiom). Kommunikation gelingt dann am besten, wenn beide Formen ausgewogen sind, also sich behaupten wie auch unterordnen oder nachgeben können. Auch Konflikte können symmetrisch oder komplementär eskalieren (Henning, 2011, S. 92). In einer symmetrischen Eskalation beharren beide Parteien auf ihrem Standpunkt oder ihrem Verhalten und schaukeln sich somit in der Eskalation nach oben.

Der Betreuer ermahnt Luis, seine Schulsachen nicht immer in die Ecke zu werfen, sondern sie an den richtigen Platz zu stellen. Luis

> denkt einfach nicht daran, ihn stört aber, immer wieder vor seinen Freunden ermahnt zu werden. Der Betreuer zeigt auf die Tasche: »Luis könntest Du bitte ...?« Luis stöhnt: »Oh Mann!« Am nächsten Tag dieselbe Situation. Der Betreuer mahnt: »Luis, deine Tasche stört da. Pack sie bitte weg!« Luis antwortet: »DU störst!« Er wirft die Tasche auf seinen Platz. Der Betreuer hakt nach: »Ich möchte dir das nicht jeden Tag sagen. Es nervt mich, wenn ich über deine Tasche stolpere.« Luis kontert: »Nein, du nervst. Jeden Tag motzt du mich an!«

Seltener eskalieren Konflikte komplementär, indem eine Person beispielsweise immer aktiver und eine immer passiver wird.

> Frau Henning ist mit ihrer Tochter Lisa morgens überfordert. Immer seltener schafft sie es, ihre Tochter pünktlich in die Schule zu bringen. Wenn sie zu spät kommt, ermahnt die Lehrerin Frau Hahn sie und weist sie darauf hin, wie unangenehm die Situation durch das Zuspätkommen für die Tochter ist. Das führt dazu, dass das Zuspätkommen für Mutter und Tochter immer mehr zu einer Stresssituation wird. Schließlich häufen sich die Fehltage von Lisa. Am Ende des ersten Schuljahres hat Lisa so häufig gefehlt, dass sie kaum Lesen und Rechnen gelernt hat und muss nun die erste Klasse wiederholen.

●▶ Übung Denken Sie an den letzten kleineren Konflikt, den Sie erlebt haben. Gab es darin eine Steigerung nach dem Motto »mehr von demselben«? Was könnten Sie beim nächsten Mal ändern?

### 10.1.3 Gewaltfreie Kommunikation und Konfliktklärung

Häufig sind mit Konflikten negative Gefühle verknüpft, die eher abgelehnt werden, da insbesondere Menschen in pädagogischen Berufen häufig nach Harmonie streben. Dabei können wir üben, die Emotionen besser zu verstehen und vielleicht zur Veränderung zu nutzen. Mandac (2013) beschreibt: »Wut und Ärger sind unser Freund und Helfer. Sie sind wie Signallämpchen und sagen: ›Ändere etwas – ich gebe Dir die Energie dafür!‹« (S. 18). Dies ist ein schönes Reframing (→ Kapitel 6.3) für die Emotionen, die Konflikte häufig

begleiten! Wut und Ärger als Motor für eine wichtige Veränderung
zu sehen, hilft auch, diese Emotionen bei Eltern oder sich selbst besser einzuschätzen. »Aggressionen als Energiequelle für Veränderung
und Entwicklung zu betrachten, sich ihrer einfühlend anzunehmen,
sich der Bedürfnisse bewusst zu werden, sie anzuerkennen, setzt
einen Prozess der Wandlung in Bewegung und ... (wir) übernehmen
men Verantwortung für unsere Gefühle und Bedürfnisse« (Mandac, 2013, S. 18). Sie fasst die Grundannahmen der Gewaltfreien
Kommunikation nach Rosenberg im Wesentlichen so zusammen:

1. Die Bewertung in *richtig* oder *falsch* erschwert eine Verstän-
   digung. Alle Bewertungen und Verurteilungen treibt die Eskalation voran.
2. Gefühle sind in Bedürfnissen begründet, die zuvor erfüllt oder
   nicht erfüllt wurden. Sie geben uns damit Hinweise auf die
   zugrunde liegenden Bedürfnisse.
3. Durch Empathie können wir die grundlegenden Bedürfnisse
   anderer Menschen nachempfinden. Durch diese »magische
   Fähigkeit« können wir wieder eine Verbindung herstellen.
4. Dieses grundlegende Verständnis und die entstehende Verbindung haben das Potenzial, Konflikte zu lösen. Es kann dann gelingen, wieder in einen Dialog einzutreten. »Menschen sind grundsätzlich an guten Verbindungen interessiert« (ebd., S. 21 f.).

Um eine Eskalation zu stoppen und einen Konflikt zu klären, sollten nach Rosenberg (2014) vier Schritte eingehalten werden. Zuerst
beschreiben Sie, was Sie gesehen oder gehört haben. So trennen Sie
eine Beobachtung von Ihrer persönlichen Bewertung, vermitteln also
nur die Sachaussage. Anschließend erklären Sie, welche Gefühle das
in Ihnen bewirkt. Sie treffen also eine Aussage zur Selbstoffenbarung.
Zusätzlich erläutern Sie Ihr dahinter liegendes Bedürfnis und welche
konkrete Handlungsbitte Sie damit verknüpfen. So können anstelle
von Forderungen Wünsche und die Bereitschaft zur Erfüllung vermittelt und eine Einigung erzielt werden. Dazu können auch Bitten
an sich selbst zählen, im Sinne des Selbstmanagements, wie die Ver-
abredung von Abstand oder Pausen. Mandac (2013) fasst zusammen:
»Empathie mit uns und dem Anderen befähigt uns, gelassen mit herausfordernden Situationen umzugehen« (S. 23).

Die Eltern von Daria befürchten, dass die Lehrerin Frau Krause ihre Tochter nicht mag. Ihre Tochter reagiert in Konflikten in der Klasse immer wieder impulsiv und hat beim letzten Streit eine Schere nach einem anderen Mädchen geworfen. Frau Krause hat daraufhin die Eltern zum Gespräch eingeladen. Die Eltern werfen ihr vor, dass sie nur Daria bestrafen würde und andere Eltern nicht eingeladen würden. Die anderen Kinder würden Daria provozieren, sie hätte beispielsweise blaue Flecken vom letzten Pausenstreit mit demselben Mädchen, die Mutter hätte das fotografiert. Frau Krause ist verärgert. Sie hat zahlreiche Konflikte mit den Mädchen geklärt und viel Zeit in die Schlichtung investiert. Sie überlegt, wie sie den Sachverhalt von den Vorwürfen trennen kann und auch ihre Gefühle zu den Vorwürfen mitteilen kann, ohne dass die Situation eskaliert. Außerdem möchte sie vermitteln, dass sie Daria gerne mag, dass sie aber ein gefährdendes Verhalten nicht akzeptieren kann. Im nächsten Gespräch bittet sie die Schulleitung dazu. Diese wird von den Eltern als allparteilich akzeptiert. Die Schulleitung erfragt, wie Frau Krause das Vertrauen der Eltern wieder zurückgewinnen kann. Die Eltern erkennen im Verlauf des Gespräches und durch die Moderation, dass sich Frau Krause für ihre Tochter engagiert. Schließlich lenkt der Vater ein, dass gefährliche Verhaltensweisen auch für ihn nicht akzeptabel seien und er mit der Tochter sprechen würde. Das Gespräch nimmt einen anderen Verlauf, da die verhärteten Positionen aufgegeben werden konnten.

## 10.1.4 Die Stufen eines Konflikts nach F. Glasl

Die Konfliktstufen sind in neun aufeinanderfolgende Eskalationsstufen aufgeteilt. Mit zunehmender Eskalation sinken die eigenen Ressourcen, um den Konflikt gut lösen zu können, und die Anspannung steigt auf beiden Seiten zunehmend. Dabei gelten die ersten drei Stufen als die alltäglichen Stufen der Auseinandersetzung, in der man durch eine Meinungsverschiedenheit in einen einfachen Konflikt gerät. Beide Parteien können hier ohne Gesichtsverlust mit einer guten Einigung aus dem Konflikt hervorgehen (Win-win-Situation). Sollten die Parteien den Konflikt nicht alleine klären können, kann eine neutrale Person als Berater hinzugezogen werden. In der Eskalationsstufe 4 bis 6 wird der Konflikt zunehmend als Kampf wahrgenommen und es geht darum, nicht als Verlierer daraus hervorzugehen (Win-lose-Situation). Daher werden Bündnisse geschlossen und Drohungen oder Konsequenzen herausgearbeitet. Zur Konfliktlösung kann eine neutrale Instanz als Schlichter hinzugezogen werden. Sie moderiert, sodass Positionen wieder gelockert werden können und ein Kompromiss geschlossen werden kann. Ab der Stufe 7 ist die Kollision und die gegenseitige Schädigung durch Vernichtungsschläge eingeplant und beide Parteien wissen darum, dass es zu Verlusten kommen wird (Lose-lose-Situation). Ab diesem Punkt entscheiden Autoritäten, wer gewinnt oder verliert (beispielsweise Gerichte). Eine anderweitige Einigung oder Kooperation scheint nicht mehr möglich.

Die Eskalationsstufen eines Konfliktes lassen sich nach Glasl (1980, S. 235) wie folgt darstellen (vgl. Abbildung 4):

**Abbildung 4:** Eskalationsstufen eines Konflikts (nach Glasl, 1980, S. 235)

Zusammengefasst nennt Glasl (2004) an die jeweilige Eskalationsstufe angepasste Strategien: Moderation des Gespräches, (soziotherapeutische) Prozessbegleitung, Schlichtung, Schieds- oder Gerichtsverfahren.

## 10.2 Einfache Konflikte – und wie sie zu bewerten sind

Eltern und Pädagogen kommen manchmal zu sehr unterschiedlichen Einschätzungen. Das kann viele Ursachen haben: Beide nehmen unterschiedliche Perspektiven auf das Kind oder unterschiedliche

Haltungen ein, beide haben einen anderen Alltag mit dem Kind und verschiedene Rollen, manchmal führen auch unterschiedliche kulturelle Hintergründe zu verschiedenen Bewertungen von Situationen. In den Medien gibt es zahlreiche Beispiele, die anführen, dass Pippi Langstrumpf oder Michel aus Lönneberga heute in Kindergärten und Schulen kaum bestehen könnten und möglicherweise eine Diagnose oder sogar eine Medikamentation erhalten würden … Unsere Bewertung von Verhaltensweisen scheint sich demnach auch im Laufe der Zeit und je nach kulturellem Hintergrund und Kontext zu wandeln.

Ausgehend von einer systemischen Haltung sprechen wir davon, dass jeder Mensch seine eigene Wirklichkeit konstruiert – und damit zwangsläufig eine andere Wahrnehmung und Bewertung der Realität hat. So betrachtet gibt es auch kein Richtig und kein Falsch, sondern nur verschiedene Versionen von Wahrheit. Mit etwas Distanz können wir vielleicht auch in einem Konflikt Teile der anderen Sichtweise und Argumente nachvollziehen. Konfliktgespräche in einer guten Weise zu führen, bedeutet, dass beide Parteien hinterher ohne Gesichtsverlust aus dem Gespräch gehen und sich darüber einig sind, dass sie eben unterschiedliche Positionen vertreten. Unabdingbar dafür ist eine respektvolle Grundhaltung. Aich (2015) nennt das: »Den Elternteil respektieren, auch wenn es schwierig ist« (S. 77). Er beschreibt, wie die Wertschätzung der Elternperson und ihrer Erfahrungsprozesse und die Wertschätzung für sich selbst in die Grundhaltung »Für mich bin ich O. K. und für mich bist du O. K.« mündet. Gemeint ist damit eine Haltung, die möglichst frei von Bewertungen den Eltern respektvoll entgegentritt. Diese Haltung wird besonders spürbar, aber auch besonders nötig, wenn ein Konflikt auftritt. Auch hier hilft die Haltung des Nichtwissens und der respektvollen Neugier. Hubrig und Herrmann (2010) schreiben dazu: »Systemische Berater […] *fragen*, anstatt zu glauben, dass sie den anderen verstehen …« (S. 78). Auch wenn die Meinungen und Einschätzungen auseinandergehen, kann die andere Meinung wertschätzend erkundet werden wie Neuland.

Ein solches Konfliktgespräch zu führen, ist tatsächlich Schwerstarbeit – aber es lohnt sich. Ich sehe darin ein Übungsfeld, das mich auf zukünftige Situationen noch besser vorbereitet. Wenn mir sozusagen dieses Level gelingt, bin ich wie in einem Spiel für den nächsthöheren Schwierigkeitsgrad gewappnet.

Im Idealfall führt eine solche Haltung zu mehr Gelassenheit auch in konflikthaften Situationen. Diese Gelassenheit ist gleichzeitig ein Schlüssel zu Ressourcen, die Sie im Gespräch benötigen. Hubrig und Herrmann (2010) formulieren das so: »Der Beratungsprozess gewinnt an Leichtigkeit, wenn man sich von den Eingebungen des Unbewussten und der Intuition sowie dem Grundsatz leiten lässt: In der Kommunikation gibt es keine Fehler, nur Informationen« (S. 193).

Um die eigene Sicht auf ein Problem mit einem Kind oder mit Eltern zu relativieren, finde ich folgende Fragen hilfreich:

- ✔ *Wie schwerwiegend würde ich das Problem in einem Jahr bewerten? (zeitlicher Kontext)*
- ✔ *Wie würde ich das Problem bewerten, wenn ich kurz vor der Verrentung stünde? (Berufserfahrung, Lebensphase)*
- ✔ *Wie würde ein Großvater, die Nachbarin, ein Außenstehender das Problem sehen? (institutioneller Kontext)*

Dadurch werden der äußere Rahmen und der Kontext verändert und das hat Einfluss auf die Bewertung, die man vornimmt.

## 10.2.1 Warum eigentlich nicht mal streiten? – Chancen eines Konflikts

Das Streiten erfreut sich geringer Beliebtheit. Wenn möglich, werden die meisten Menschen Streit vermeiden und halten daher teilweise auch Kritik oder Bedürfnisse zurück, um nicht in Streit zu geraten. Dabei kann das Streiten einige Vorteile haben, wenn es nicht zerstörerisch betrieben wird! Es ist ein paradoxer Gedanke, aber Konflikte sind oft nicht so schlecht, dass sie nicht etwas Gutes hätten.

Teilweise zeigen Konflikte an, dass etwas unklar ist. Wenn Eltern beispielsweise immer wieder den Klassenraum während des Unterrichts betreten, ist auf dem nächsten Elternabend zu klären, welche Regeln zu einem störungsfreien Unterricht gehören. Vielleicht hat diese Klärung vorher gefehlt. Oft begleiten Konflikte auch Veränderungen oder bereiten einen Abschied vor. So gibt es immer wieder Kinder, die vor dem Übergang in die nächste Schule oder bevor die geliebte Klassenlehrerin in den Mutterschutz geht, Konflikte provozieren und selbst erleben. Der Abschied fällt dann manchmal einfacher. Und schließlich sind Konflikte auch immer eine Chance, die eigene Position zu klären, Bedürfnisse zu erkennen oder sich abzugrenzen. Dies ist häufig für Junglehrer eine wichtige Übung, um mehr Kontur als Lehrperson aufzubauen.

●▶ **Übung** Bevor Sie also nach einer Deeskalation für den aktuellen Konflikt suchen, fragen Sie doch einmal: Was haben wir eigentlich von diesem Konflikt?

### 10.2.2 Es funkt – ein Konflikt entsteht

Dass Konflikte entstehen, ist unumgänglich und oft auch wichtiger Ausdruck, um eine für alle Seiten gute Einigung zu erzielen. Wenn Sie nun in der Situation sind, dass ein Konflikt mit Eltern entstanden ist und Sie in diesem Buch nachschlagen, empfehle ich zuerst eine Einschätzung der Konfliktschärfe vorzunehmen: Sind es Funken, ist es schon ein Schwelbrand oder gar ein großes Feuer?

1. Schätzen Sie den Konflikt nach den Konfliktstufen ein.
2. Schätzen Sie Ihre Position im Konflikt ein. Wie kooperationsbereit sind Sie (noch)?
3. Entscheiden Sie danach, welche Reaktion angemessen ist. Gelingt es Ihnen, zu deeskalieren? Brauchen Sie Unterstützung? Oder sind tatsächlich Mittel notwendig, um sich durchzusetzen?

Die meisten Konflikte lassen sich sicher mit etwas Geschick und einer der folgenden Strategien lösen. Allerdings gibt es nach meiner Beobachtung auch immer häufiger Eltern, die gern der Einrichtung ihre Unfähigkeit attestieren wollen, indem sie ihre Kritik oder Forderung mit Anwälten oder massiven Vorwürfen durchsetzen wollen. Das braucht ein deutliches Signal und den Willen, sich nicht unnötigen Angriffen auszusetzen. Vorgehensweisen hierzu finden Sie im → Kapitel 11.

### 10.3 Ablaufplan für ein Konfliktgespräch

Der Ablauf zu den bisher vorgestellten Gesprächen variiert nur geringfügig (→ Kapitel 3):
1. Die Vorbereitung: Je aufgeladener ein Konflikt ist, umso wich-

tiger wird eine gute Vorbereitung. Sie bietet die Möglichkeit zur Reflexion:

✔ *Was ist für Sie am wichtigsten?*
✔ *Was ist Ihr Ziel für das Gespräch und was wünschen sich die Eltern?*
✔ *Welche Vorerfahrungen gibt es? Womit rechnen Sie?*
✔ *Wann lief es am besten?*
✔ *Worauf müssen Sie bei sich achten?*
✔ *Mit welchen Gefühlen gehen Sie ins Gespräch?*
✔ *Was brauchen Sie für eine Kooperation, was brauchen die Eltern von Ihnen?*

2. Die Einladung: Wie in anderen Gesprächen auch, rate ich dazu, telefonisch zum Gespräch einzuladen. Eine schriftliche Einladung verdeutlicht zumindest die Macht der Institution und kann eher abschreckend wirken. Am Telefon wird das Problem kurz benannt, aber noch nicht erörtert. Das Telefonat gibt auch die Möglichkeit, dass die Eltern den Termin mit abstimmen und weniger überfallen werden. Sollte die Einladung schriftlich erfolgen, weil beispielsweise die Leitung einlädt, ist es wichtig, den Anlass oder den Konflikt möglichst neutral zu benennen.

3. Eröffnung des Gespräches: Auch wenn der Anlass eher unangenehm ist, begrüßen Sie die Eltern möglichst offen. Sprechen Sie den Anlass an.

4. Erkennen Sie die Position und die Gefühlslage des Gegenübers an und drücken Sie das aus; dafür müssen Sie nicht einverstanden sein.

5. Analysieren Sie gemeinsam das Problem. Setzen Sie hierfür Ihre systemischen Methoden oder Strategien zur Deeskalation ein.

6. Kommen Sie zeitnah auf die Lösungsentwicklung zu sprechen.

✔ *Wie können wir das in Zukunft lösen?*
✔ *Wie können wir vermeiden, dass wir noch einmal in so einen Konflikt geraten?*

7. Protokollieren Sie die Ergebnisse und legen Sie fest, wer was übernimmt.

8. Wichtiger als in anderen Gesprächen: Würdigen Sie die Ergebnisse, lassen Sie einen Moment wirken, dass man sich einigen konnte.

9. Danken Sie allen Beteiligten für die engagierte/konstruktive Mitarbeit oder zumindest das Bemühen darum.

10. Positiver Kommentar zum Schluss oder mindestens höfliche Verabschiedung.

Frau Fiedler ist unzufrieden mit der Essenssituation in der Betreuung, schon öfter hat sie unterschiedliche Betreuerinnen auf die Situation beim Essen und die Qualität des Essens angesprochen. Dabei kam es zum Streit, da die Betreuerin sich während der Betreuungszeit nicht auf die Diskussion eingelassen hat. Frau Fiedler wurde laut und die Betreuerin brach das Gespräch ab. Daraufhin hat sich Frau Fiedler bei der Leitung über sie beschwert. Heute hat sie endlich einen Termin bei der Leitung zusammen mit der Betreuerin. Diese beginnt das Gespräch.»Frau Fiedler, danke dass Sie heute gekommen sind. Der Anlass ist für mich nicht ganz angenehm, aber ich bin froh, wenn wir den Streit aus der Welt schaffen können ...«

## 10.4 Deeskalationsstrategien für einfache Konflikte

Vielleicht fragen Sie sich, wozu Sie als Pädagogin sich um eine Deeskalation bemühen sollten. Vielleicht wurden Sie angegriffen und kritisiert und möchten sich zuallererst zur Wehr setzen. Sicherlich haben Sie Ihr Bestes gegeben und fühlen sich nun zu Unrecht verurteilt oder unverstanden. All das ist verständlich! Nun kommt jedoch ins Spiel, dass Sie als professionelle Fachkraft dem Wohl des Kindes verpflichtet sind. Welches Verhalten dient dem Kind am meisten? Wie weit kann die Eskalation gehen, ohne dem Kind zu schaden oder es in Konflikte zu bringen? Zusätzlich haben Sie den Nutzen, dass Sie Ihr Konfliktverhalten und Ihre persönlichen Kompetenzen stetig erweitern, wenn Sie jetzt üben!

Mit der VW-Regel (→ Kapitel 9.5) und dem Reframing (→ Kapitel 6.3) für Kritikgespräche haben Sie schon eine Deeskalationsstrategie kennengelernt. Für einfache Konfliktgespräche eignen sich zusätzlich die folgend vorgestellten Strategien.

### 10.4.1 Deeskalation durch Zeit

»Schmiede das Eisen, wenn es kalt ist«, dieses paradoxe Sprichwort wird Haim Omer zugeschrieben und es hat sich für Konfliktgespräche bewährt. Schwing und Fryszer (2014) beschreiben, wie gefährliche Situationen im Gehirn wirken: Der Mensch bereitet sich auf eine Angriffs- oder Fluchtreaktion vor. Auch eine Totstellreaktion ist möglich. Das spiegelt sich in den körperlichen Reaktionen wie Herzschlag, Puls und Ausschüttung von Stresshormonen. Dadurch reagieren wir in dieser Situation weniger kreativ und empathisch, als wir es sonst vermögen. Sie empfehlen, dass man sich bewusst in einen entspannteren Zustand versetzt – durch bewusstes Atmen, Lockern der Muskeln oder aber durch eine Unterbrechung, eine kurze Pause im Gespräch (Schwing u. Fryszer, 2014, S. 134 ff.).

Ich empfehle, wenn möglich, am Tag des Konfliktes noch nicht zu reagieren. Wenn Sie durch Vorwürfe, Übertreibungen etc. selbst aufgebracht sind, sind Sie einfach weniger kreativ. Am nächsten Tag fallen Ihnen bessere Lösungen ein.

### 10.4.2 Deeskalation durch Humor

Eine sehr elegante Lösung für ein etwas angespanntes Gespräch ist es, mit Humor zu reagieren. Stellen Sie sich vor, Sie kämen gerade aus den Ferien oder dem Urlaub in diese Gesprächssituation. Vielleicht fiele Ihnen tatsächlich eine scherzhafte Bemerkung ein. Humor entspannt die Situation, da Humor das Gegenteil von Angriff oder Aggression vermittelt. Einen Scherz machen kann nur, wer noch recht gelassen ist. So kann beispielsweise die Situation des Gespräches mit Humor gesehen werden.

> Die Eltern von Viko sind mit einer Note im Zeugnis nicht einverstanden. Sie kommen mit ihrem Sohn zum Gespräch zur Englischlehrerin. Frau Mertens bietet zunächst etwas zu trinken an. Viko nutzt die Gelegenheit, allen zuzuprosten und anzustoßen. Alle Beteiligten müssen lachen und stoßen schließlich miteinander an …

Mit etwas Übung lassen sich kleine Anlässe suchen und finden, die zumindest dazu führen, dass man miteinander lächelt, auch wenn man sich zuvor über das gegenseitige Verhalten geärgert hat. Herrmann

(2010) gibt dazu ein Gespräch in einer Ausbildungsgruppe wieder: »Je lockerer ich bin, desto ressourcenvoller bin ich, umso mehr arbeitet mein Unterbewusstes an Lösungen. [...] ich (nehme) eine Haltung ein, [...] die dem andern wiederum signalisiert: ›Guck mal, so locker kann man sich hier verhalten. [...] Man kann über schlimme Sachen hier reden und so locker sein [...].‹ Das sind Kopplungen: Ich rede über was Schlimmes, und das ist nicht schlimm« (S. 193).

## 10.4.3 Deeskalation durch Kollaboration

Der Volksmund kennt das Sprichwort »Willst Du Recht haben oder glücklich sein? Beides geht nicht« (M. B. Rosenberg, zitiert nach Wenz, o. J.). Es fasst gut zusammen, dass man entweder für eine Position kämpft oder mit der anderen Person kooperiert, beides gleichzeitig ist dementsprechend nicht möglich. Das Sprichwort drückt auch aus, dass man sich entscheidet für die eine oder andere Vorgehensweise. Das verdeutlicht sehr anschaulich, dass man zum Konflikt – wie ungerecht und einseitig er auch entstanden sein mag – sich auch immer mit einem eigenen Anteil entschieden hat. Gleichzeitig gibt das Sprichwort so indirekt für zahlreiche Konfliktgespräche eine gute Handlungsanleitung. Geht es tatsächlich um die Position, die gegen alle Widerstände aufrechterhalten werden muss? Ist ein Kampf angemessen und gewünscht? Das entspräche nach Glasl (1980) der Konfliktstufe vier bis neun. Oder ist die Zusammenarbeit mit dem Gegenüber wichtiger und für das Kind notwendig für eine gute Entwicklung? In den meisten Fällen werden Sie die letzte Frage bejahen. In diesem Fall unterscheide ich zwischen Kooperation und Kollaboration. Nicht immer sind Sie mit den Äußerungen oder Schritten der Eltern einverstanden, aber auf eine Zusammenarbeit können Sie sich einlassen und zu einem Arbeitsbündnis im Sinne des Kindes zurückkehren. Ich möchte Sie daher einladen, vom Konflikt einen Schritt zurückzutreten und etwas Abstand einzunehmen. Zu einem späteren Zeitpunkt, nach einer Supervisionssitzung oder einer Beratung durch Kollegen bewerten Sie dieselbe Situation möglicherweise anders. Genau diese Reflexion führt oft zu einer Haltung, die näher an der Kooperation orientiert ist und damit viele Konflikte entschärft. Und das ist letztlich für das betreffende Kind in der Regel die bessere Lösung.

Familie Petric hat einen Sohn mit Down-Syndrom. Er heißt Eric und besucht derzeit die Vorklasse. Dort ist er nach Anfangsschwierigkeiten gut angekommen und hat nach Einschätzung der Eltern und der Leiterin gute Fortschritte erreicht und sich an das Schulleben gewöhnt. Nun steht die Einschulung in das erste Schuljahr an. Die Familie hat sich über die weitere Schullandschaft informiert und wünscht, dass Eric die Nachbarschule besuchen soll. Dort gibt es bereits einige Erfahrungen in der Beschulung von Kindern mit Down-Syndrom. Nach den Vorgaben zur inklusiven Beschulung ist das jedoch nicht vorgesehen, für die Grundschule gibt es keine freie Schulwahl. Auch die Förderstunden würde die Nachbarschule nicht erhalten, da sie nicht die zuständige Grundschule ist. Die bisherige Schule ist gerne bereit, Eric auch weiter zu beschulen und hat schon alles Notwendige veranlasst, einige Kolleginnen haben eine Fortbildung besucht und es wurde eine Lehrerin gefunden, die bereits Erfahrung besitzt. Zum Förderausschuss erscheinen die Eltern nach Ankündigung mit dem Rechtsanwalt und einem Vertreter eines unterstützenden Vereins. Die Leiterin der Vorklasse und der Schulleiter haben sich zuvor beraten. Eine konflikthafte Lösung wäre kein guter Beginn für eine weitere inklusive Beschulung. Der dringende Wunsch der Eltern ist nachvollziehbar, aber bedauerlich. So entscheiden sie, dem Elternwunsch nachzugeben und die Kollegen der gewünschten Schule dazu einzuladen. Der Schulleiter fasst die Position während der Sitzung so zusammen: »Liebe Familie Petric, wie Sie wissen, hätten wir Eric gerne aufgenommen. Wir sind sogar schon aktiv geworden und haben uns auf diesen Fall vorbereitet. Wir können allerdings ihren Wunsch auch nachvollziehen, auch wenn wir das bedauern. Wir haben daher beschlossen, Ihnen entgegenzukommen. Es würde wenig Sinn machen, Sie zu zwingen, dass Eric unsere Schule besuchen soll. Daher haben wir die Kollegen dazu eingeladen, um für Eric den Schulbeginn gut zu planen.« Sofern es keinen Widerspruch vom Schulamt gibt, wird also Eric ausnahmsweise die von den Eltern gewünschte Schule besuchen.

## 10.4.4 Deeskalation durch Interventionen

In Konflikten werden Positionen verstärkt. Oft werden sie verallgemeinert oder verabsolutiert, um ihnen mehr Gewicht zu verleihen und die Gegenseite zu überzeugen. Durch Lautstärke, Wertungen, Übertreibungen oder Beleidigungen kann zusätzliche Dramatik erzeugt werden. Das hängt vom Temperament, von der Eloquenz und manchmal auch von den Verhaltensmustern der Agierenden ab. Nach M. B. Rosenberg (2014) ist der Wunsch, ernst genommen zu werden, auf beiden Seiten gleich groß, aber die kommunikativen Fähigkeiten der Personen sind häufig unterschiedlich.

Einige der folgenden Gesprächstechniken wurden schon vorgestellt, können aber im Konfliktfall angepasst werden. Insbesondere die Formen des aktiven Zuhörens sollten abgewandelt werden. Nicht jede Aussage in einem Konflikt trifft auf Ihre Zustimmung, daher sollten Sie dann auch nicht mit Zustimmung oder Lob reagieren. Für Ihre eigene Psychohygiene, aber auch für Ihre Glaubwürdigkeit ist es wichtig, dass Ihre Reaktionen kongruent sind. Gemeint ist damit, dass Ihre Botschaften mit Ihren Gefühlen, Ihren Äußerungen und Ihrer Körpersprache übereinstimmen. Nach Aich (2015) bedeutet das, »die Lehrkraft sagt, was sie denkt und fühlt […] Nicht alles, was in mir vorgeht, sage ich, aber das was ich sage, das stimmt« (S. 87).

Das Spiegeln war bereits zu Anfang in → Kapitel 5.4 Thema, es kann auch in Konfliktgesprächen eingesetzt werden. Beim Spiegeln wird die Aussage wiederholt, gegebenenfalls sogar in einer ähnlichen Tonlage. Damit wird die Wertung oder Verallgemeinerung noch mal herausgestellt und in Frage gestellt.

> Der Vater ärgert sich über den Sportlehrer: »Bei Ihnen im Sport werden nur Mädchensportarten drangenommen! Nie lassen sie mal Fußball oder Basketball spielen!« Der Lehrer gibt zurück: »Nie?«

Noch stärker wirkt die Spiegelung, wenn Sie die Aussagen der Parteien wortwörtlich aufschreiben. Dabei werden unsachliche oder wertende Anteile besonders deutlich. Sinnvoll wäre in einer solchen Situation, gleichzeitig das Paraphrasieren anzubieten, also nach einer wertungsfreien Umformulierung zu suchen oder zur Verschriftlichung einzuladen.

Hilfreich ist auch das Umformulieren in eine Ich-Botschaft, die beschreibt, was die Person wahrgenommen hat und welche Bitte sie nun hat (vgl. VW-Regel, → Kapitel 9.5). Häufig kommen auch

Skalierungsfragen zum Einsatz. Mit dieser bieten Sie an, auf einer Skala den Leidensdruck oder die Bereitschaft, eine Lösung auszuprobieren, einzuschätzen. Mit der gleichen Methode können Lösungsvorschläge verglichen werden. Diese Skalierung kann am Ende des Gespräches wiederholt werden. Und schließlich helfen Ihnen diese Fragen (nach Lindner, 2007, S. 70), die Rhetorik eines Angriffs zu hinterfragen:

- ✔ *Welche Gefühle könnten hinter den Angriffen und Vorwürfen stehen?*
- ✔ *Wie würden Sie sich an Stelle der Eltern fühlen?*
- ✔ *Was würden Sie in einer solchen Situation sagen?*
- ✔ *Gibt es etwas, dass die Eltern verschweigen?*
- ✔ *Gibt es eine verdeckte Botschaft, die sich die Eltern nicht trauen, zu sagen?*

Frau Bartusiak leitet die Hortbetreuung der Grundschule. Sie hat die Eltern von Ines angerufen, da sie immer wieder in Konflikte gerät mit den anderen Mädchen. Die Eltern kommen erst zum zweiten Termin, reagieren auf das Anliegen von Frau Bartusiak aber mit heftiger Kritik. Sie werfen ihr vor, Ines nicht zu verstehen und ihr auch mit den Hausaufgaben nicht genügend zu helfen. Erst im Laufe des Gespräches stellt sich heraus, dass es den Eltern sehr unangenehm ist, dass Frau Bartusiak sie schon mehrfach angerufen hatte. Die Eltern waren nicht immer pünktlich zum Abholen erschienen und die Hortleiterin hatte angerufen, da Ines wartete. Das war den Eltern peinlich, sie befürchteten, dass Frau Bartusiak ihnen Vorwürfe machen würde.

## 10.4.5 Deeskalation durch das Gewinner-Dreieck

In der griechischen Tragödie gilt das klassische Drama-Dreieck. Es gibt den Helden (Retter), den Verlierer (das Opfer) und den klassischen Bösewicht (den Täter). Dieses Drama-Dreieck findet sich auch in vielen konflikthaften Situationen wieder. Dabei ist keine der beschriebenen Rollen besonders angenehm. Der Retter möchte zwar den anderen helfen, tut dies aber aus der Überzeugung, die Lösung zu kennen und die alleinige Wahrheit zu wissen. Er handelt damit überfürsorglich. Das Opfer ist passiv und leidend und verpasst die Gelegenheiten zur Autonomie und Lösungsentwicklung. Der Täter ist besonders streng oder aggressiv mit seinen Mitmenschen, kritisiert harsch und verfolgt oder kontrolliert. Damit übernimmt ein Mensch in dieser Rolle zwar Verantwortung, verpasst aber die Chancen zur Kooperation und verstrickt sich immer wieder in Machtkämpfe (nach Aich und Behr, 2015, S. 118 ff.). In vielen Auseinandersetzungen mit Eltern finden sich die Rollen in wechselnder Besetzung wieder:

> Mieke kommt im Unterricht kaum noch mit. Die Mutter hilft intensiv bei den Hausaufgaben und lernt mit ihr für jede Arbeit. Als die nächste Arbeit auch wieder schlecht ausfällt, greift sie die Lehrerin an:»Das ist ja viel zu schwer! Für diesen Stoff hätten sie mindestens zwei Wochen länger ansetzen müssen, sonst kommen die Kinder mit dem Lernen nicht hinterher!« Die Lehrerin verteidigt sich:»Die Arbeiten und die Stoffverteilung haben wir im Kollegium so abgesprochen. Wir haben alles durchgenommen, was in der Arbeit vorkam. Wenn Mieke da nicht mehr mitkommt, hilft auch das viele Üben zu Hause nichts!«

●▶ **Übung** Gehen Sie in Gedanken Ihre letzten Konflikte durch: Welche Rolle nehmen Sie öfters ein? Was wäre die Alternative?

Die griechischen Tragödien enden in aller Regel tragisch. Ihre Rollenverteilung ist nicht zur Nachahmung zu empfehlen und nicht geeignet, um einen Konflikt wieder zu deeskalieren. Daher ist es wichtig, aus einem solchen Rollenspiel wieder auszusteigen. Angelehnt an Aich und Behr (2015, S. 228) eignen sich folgende Fragen, um das Drama-Dreieck zu erkennen:

- ✔ *Wer befindet sich in welcher Rolle?*
- ✔ *In welcher Rolle fühlen Sie sich in diesem Konflikt?*
- ✔ *Was ist das eigentliche Ziel? Wie können Sie es offen formulieren?*
- ✔ *Übernehmen Sie zu viel Verantwortung (für die Lösung)?*
- ✔ *Wird eine Person abgewertet oder zurechtgewiesen?*

✔ *Wollen Ihnen die Eltern verdeckt einen Auftrag geben, eine Mitteilung machen?*

✔ *Wollen Sie direkt ansprechen, was Sie wahrnehmen?*

✔ *Wie kommen Sie zu Ihrem eigenen Ziel des Gespräches zurück?*

Nach Aich und Behr (S. 229 ff.) können die Rollen des Drama-Dreiecks in ein Gewinner-Dreieck umgewandelt werden. Dann wäre der Retter eine fürsorgende Person. Hilfen werden offen abgesprochen und im Rahmen der Möglichkeiten vereinbart. Niemand übernimmt zu viel Verantwortung. Der Täter wäre demnach die Person, die konfrontiert und Grenzen setzt, aber nicht auf Kosten anderer. Im Gespräch wäre dies zum Beispiel durch die Erarbeitung von Strukturen und Abläufen sichtbar. Auf Abwertungen wird verzichtet. Aus dem Opfer würde eine empfindsame Person, die den eigenen Gefühlen nahesteht. Diese Person kann um Hilfe bitten und Hilfe annehmen. Das kann auch eine Lehrperson sein, die Eltern um Rat fragt.

Wichtig zu wissen: Solche Rollen entsprechen oft Persönlichkeitsmustern und sind nicht einfach veränderbar. Das ist auch nicht die Aufgabe von Elterngesprächen. Es nützt aber, die eigenen Rollenvorlieben und das Drama-Dreieck zu erkennen. So kann man eher wieder in eine gemeinsame Lösungsverantwortung zurückfinden oder sich gegen Rollenzuschreibungen wehren, beispielsweise wenn Sie zum Täter deklariert werden sollten. Dafür ist die erste Voraussetzung, dass Sie aktiv die Rolle verlassen.

### 10.4.6 Deeskalation durch ein Worst- und Best-Case-Szenario

Sie haben den Konflikt möglicherweise nun bereits nach der Eskalationsstufe eingeordnet, haben symmetrische Eskalationen entdeckt und schon einige Arbeit in Elterngespräche investiert. Manchmal finden Sie in einer solchen Situation einfach keine passende Strategie, um den Konflikt zu lösen oder das Miteinander zu fördern. Dann hilft es gelegentlich, sich die zirkulären Fragen selbst zu stellen und eine Antwort zu suchen. Anstelle der Frage, was Sie zur Verbesserung der Kommunikation noch tun können, helfen manchmal diese Fragen viel weiter:

✔ *Was müssten Sie tun, damit es richtig schief geht?*
✔ *Wie könnten Sie die Situation jetzt am besten verschlimmern?*
   *Was ließe das Ganze so richtig schiefgehen?*
✔ *Was wäre die zweitbeste Methode?*

Malen Sie sich das Schlimmste in den schillerndsten Farben aus.
Gehen Sie die Stufen der Eskalation durch, wie Sie diesen Konflikt
so richtig zum Kochen bringen würden. Erst nachdem Sie herausgefunden haben, was nun das Schlimmste wäre, wird es einfacher,
nach der besseren Methode zu suchen. Sie wissen jetzt zumindest
schon, was Sie nicht tun werden.

Auch die Wunderfrage kann Ihnen selbst oder den Eltern im
Gespräch helfen:

✔ *Wenn plötzlich durch ein Wunder das Problem/der Konflikt*
   *weg wäre: Was würden Sie am nächsten Tag tun?*
✔ *Und dann?*
✔ *Wie würde/n sich das Kind/die Eltern verhalten?*
✔ *Woran würden Sie das feststellen?*
✔ *Wer wäre am meisten überrascht?*
✔ *Nach einem halben Jahr: Wie würden Sie heute auf dieses*
   *Problem zurückschauen?*
✔ *Was hätte am besten geholfen?*

Nach Schlippe und Schweitzer (2016) erzeugt die Wunderfrage zwei
Wirkungen: Das unverbindliche Imaginieren von Lösungen und die
Erkenntnis, dass man nach einem Wunder auch nur geringfügig
Dinge ändern würde: Nach dem Wunder würde man »einfach mehr
von dem tun [...], was man heute schon in Ausnahmen hier und da
macht – dass also sozusagen das Repertoire für die Zeit nach dem
Wunder heute schon vorhanden ist« (S. 268).

# 11 Eskalationen und Krisen in der Kooperation

Eskalierte Konflikte bleiben meines Erachtens Ausnahmesituationen, in denen individuelle Lösungen gefunden werden müssen. Es gibt Methoden, die in der einen oder anderen Situation hilfreich sind, je nach Eskalationsstufe. Außerdem stelle ich Ihnen in diesem Kapitel das Konzept der »Neuen Autorität« von Omer und Schlippe (2016) vor, das auch neue Ideen für Konfliktlösungen bereithält. Häufig sind aber Konflikte auch darin begründet, dass die Einrichtung einen gesetzlichen und gesellschaftlichen Auftrag hat, sodass nur noch begrenzt eine Beratungssituation vorliegt. Der Kontext der Schule ist durch seinen gesetzlichen Auftrag nicht zu vergleichen mit einer Beratung in einer von Eltern freiwillig aufgesuchten Beratungsstelle und unterscheidet sich auch von der Beratung in der Kita. Empathie und Verständnis müssen dann an ihre Grenzen stoßen, wenn gesetzliche oder institutionelle Vorgaben ein bestimmtes Vorgehen festlegen.

## 11.1 Die Einrichtung als Teil des Konflikts und Wege heraus

Nach meiner Erfahrung ist der häufigste Konfliktpunkt im Gespräch mit Eltern, wenn das Kind sich nicht erwartungsgemäß verhält. Jede Einrichtung hat eigene Regeln, wie sie darauf reagiert. Insbesondere im Schulalltag gibt es häufig Problemlösungen, die entweder als Sanktion oder als Kompensation auf ein schwieriges Verhalten von Kindern wirken, das entsprechende Verhalten wird also entweder bestraft oder ausgeglichen – durch pädagogische Unterstützung. Schon in den gesetzlichen Regelungen ist die Sprache von pädagogischen Maßnahmen und Ordnungsmaßnahmen, wie der Ausschluss vom Unterricht, die in ihrer Schwere gestaffelt aufeinander aufbauen. Eine Lehrerin muss also – in Absprache mit der

Schulleitung – eine Maßnahme nach der anderen ergreifen, bevor sie zu den Ordnungsmaßnahmen gelangt. Das setzt voraus, dass der Schüler sich und sein Verhalten ändern muss. Hubrig und Herrmann (2010) sehen jedoch genau den umgekehrten Weg als wichtig an: »Lehrer können die Eskalation unterbrechen, wenn *sie* sich ändern« (S. 66). Gemeint sind Lösungsstrategien, die aus der Eskalation herausführen, um »eine Kooperation mit Eltern und Schülern herzustellen, indem man ›anders über ihr Problem denkt‹ und sich auch anders verhalten kann« (ebd.). Dabei kann die Schulsozialarbeit einen wichtigen Beitrag leisten.

### 11.1.1 Schulische Regeln als Teil des Konflikts

Lehrkräfte stehen für die Regeln ihrer Schule und müssen auf deren Einhaltung achten, um zum Beispiel regelmäßigen Schulbesuch, die Erledigung von Hausaufgaben oder die Einhaltung der Regeln in der Pause einzufordern. Dabei helfen die Regeln und Absprachen, den Schulalltag zu organisieren. Sie treffen allerdings nicht auf jede Situation mit jeder Schülerin zu. Auch manche Eltern sind wenig einverstanden mit einzelnen Abläufen oder Vorgehensweisen, die in Schulen üblich sind. Man kann dabei an die Regelung des Sitzenbleibens denken oder an Maßnahmen, die als Strafe fungieren, wie den Ausschluss vom Unterricht. Damit kann ein Konflikt mit Eltern auf Inhaltsebene stattfinden, indem man unterschiedlicher Meinung in der Sache ist. Er kann sich zudem aber auch auf der Beziehungsebene oder auf der strukturellen Ebene abspielen, indem die Struktur der Einrichtung zum Konflikt wird. Dann ergibt sich ein klassisches Dreieck im Konflikt, die Personen haben einen Konflikt, da er mit den Schulregeln nicht ausgetragen werden kann (vgl. Abbildung 5). Der Fachbegriff zum Konflikt zwischen zwei Positionen, der sich auf eine dritte Position überträgt, heißt Triangulation.

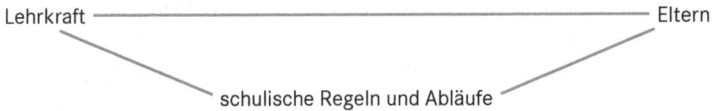

**Abbildung 5:** Dreieck im Konflikt

Julian ist ein empfindsamer Schüler, der es in seiner Klasse nicht leicht hat. Er kleidet sich gerne wie ein Mädchen, wofür insbesondere die anderen Jungen der Klasse wenig Verständnis haben. Julian reagiert verschlossen, auch den Lehrkräften gegenüber. Seit der ersten Klasse hat Julian das Lesen und auch das Rechnen nur schwer erlernt. Die erfahrene Lehrkraft sieht aber in ihm nicht den typischen Schüler mit Lernschwierigkeiten, da er in Argumentationen beispielsweise sehr gewitzt reagiert. Nun ist offen, ober er sonderpädagogisch überprüft werden soll, da seine Leistungen von den Leistungen der Klasse erheblich abfallen. Ein Sitzenbleiben kann nur noch durch pädagogische Bewertung seiner Leistungen verhindert werden. Andererseits könnte die Überprüfung sein Gefühl der Andersartigkeit noch verschärfen. Die Lehrerin hat ein gutes Verhältnis zu den Eltern, spricht offen mit ihnen, dass die schulischen Möglichkeiten der Unterstützung erschöpft sind. Die Eltern überlegen, Julian auf eine Privatschule mit einem besonderen pädagogischen Profil zu geben.

Das Beispiel zeigt, dass dieser strukturelle Konflikt gleichzeitig auch eine Lösung für das Gespräch anbietet. Die Lehrkraft kann offenlegen, dass sie gerne eine andere Lösung für die Situation hätte, die Regeln aber so vorgeschrieben sind.

### 11.1.2 Lehrer verursachen Konflikte

»Lehrer verursachen Konflikte«, so betitelt Becker (2006) provokativ ein Kapitel seines Buches und benennt zugleich zahlreiche Situationen, in denen Lehrkräfte sich nicht durchsetzen können, eine kritikwürdige Berufsauffassung zeigen oder verbal aggressiv gegen Schüler sind. Positive Beispiele nennt er nicht. Als ausgebildete Pädagogin, die zahlreiche Lehrerinnen kennt, behaupte ich, dass solche Lehrkräfte eine geringe Minderheit darstellen. Wie in allen Berufsgruppen gibt es aber auch unter Pädagogen einzelne, die schlecht geeignet sind für diesen Beruf oder aber einzelne Kompetenzen erst noch erwerben sollten, wie sich durchzusetzen. So wird in Schule häufig vom lebenslangen Lernen oder von einer lernenden Institution gesprochen. Ein Konflikt kann also, insbesondere wenn er häufiger auftritt, dafür sprechen, dass noch etwas zu lernen ist.

Gesammelte und sich wiederholende Kritik wird meist über die Elternbeiräte an die Leitung herangetragen, die prüfen muss, inwieweit sie berechtigt ist.

Frau Angelo ist neu an der Schule. Sie übernimmt eine erste Klasse. Einige Eltern sind von Anfang an nicht zufrieden, da sie auf eine andere Klassenlehrerin gehofft hatten. Einzelne versuchen schon in den Ferien, bei der Schulleitung einen Klassenwechsel zu bewirken. In den ersten Wochen klagt Frau Angelo häufiger, dass die Klasse so laut sei und nicht gut mitarbeiten würde. Auch die Eltern beschweren sich bei der neuen Elternbeirätin, die Kinder würden zu Hause oft beklagen, dass es im Unterricht zu laut sei. Die Elternbeirätin schlägt vor, im Unterricht zu hospitieren, um selbst einen Eindruck zu gewinnen. Zuvor hospitiert die Schulleiterin selbst, um sich ein Bild zu verschaffen. Sie sieht, dass die Lehrerin noch nicht gut anleiten kann und entscheidet, dass eine Hospitation von Eltern zu diesem Zeitpunkt die neue Kollegin stark unter Druck setzen würde und das Problem nicht löst. Sie führt ein Gespräch mit Frau Angelo und entscheidet, sie zu einer Fortbildung zu schicken, die sie im Anschluss mit ihr nachbereitet. Zusätzlich gibt sie ihr die Möglichkeit, bei Kollegen zu hospitieren.

Becker (2006) schlägt unter anderem als Konfliktprophylaxe vor, Eltern in den Unterricht einzubinden (S. 315). Günstig ist, wenn Eltern, die offen und interessiert auf die Einrichtung zugehen, als Unterstützung bei Ausflügen, bei Projekttagen oder auch in offenen Unterrichtsituationen (Bücherei, am PC) eingebunden werden. Das stärkt nach meiner Erfahrung den Respekt und die Wertschätzung für die alltäglichen Herausforderungen, die mit pädagogischer Arbeit verbunden sind. Idealerweise berichten diese Eltern auf einem Elternabend von ihren Eindrücken.

Frau Niehaus ist 33 Jahre alt und eine Erzieherin mit Engagement. Für die Unpünktlichkeit mancher Eltern am Morgen in der Bringsituation hat sie wenig Verständnis. So schließt sie meistens die Tür ab, wenn die vereinbarte Bringzeit vorbei ist. Als sie nach der Elternzeit mit ihrem eigenen Kind in den Beruf zurückkehrt, hat sich ihre Sicht verändert. Mittlerweile reagiert sie milder auf die Verspätungen mancher Eltern und fragt eher mal: »Na, war es heute wieder schwierig?«

### 11.1.3 Machtpositionen im Gespräch

Eltern, die zum Gespräch kommen, nehmen dazu unterschiedliche Haltungen ein. Sie kommen als aktiv Mitgestaltende oder auch als Besucher. Mit Besucher ist die Rolle gemeint, die entsteht, wenn jemand zum Gespräch kommt, aber selbst keinen Gesprächswunsch hat. »Besucher befürchten, dass es für sie oder ihre Kinder negative Konsequenzen haben könnte, wenn sie als Eltern nicht das tun, was ihnen die Fachleute wärmstens empfehlen, was häufig zu Konformismus und oberflächlicher Kooperation führt« (Schwing u. Fryszer, 2013, S. 121 f.). Da Lehrerinnen auch bewerten oder Maßnahmen ergreifen, haben sie eine Machtposition im Gespräch inne. Eltern reagieren auf diese Machtposition entweder oberflächlich kooperativ, offen konfrontativ oder recht stumm. Lindner (2017) zitiert Eltern dazu: »Dann komm ich halt, sag aber nichts« (S. 230). Es ist wichtig, sich dieser Machtposition bewusst zu sein und sie anzusprechen, wenn Eltern nicht freiwillig zum Gespräch gekommen sind. Hilfreich ist, zur Kooperation einzuladen durch Fragen wie:

- ✔ *Was denken Sie, warum sie gebeten wurden, herzukommen?*
- ✔ *Was müsste passieren, damit Sie sich am Gespräch beteiligen könnten?*
- ✔ *Für wie wichtig halten Sie dieses Gespräch?*
- ✔ *Warum wollten deine Eltern, dass du heute dabei bist?*

Eine besondere Situation für das Elterngespräch stellt es dar, wenn die Leitung teilnimmt. Insbesondere wenn die Leitung eine der Konfliktparteien ist, hat sie eine machtvolle oder dominante Position inne und kann nicht länger neutral moderieren. Daher ist es wesentlich günstiger, wenn die Leitung möglichst nicht Teil des Konfliktes wird, um auch von den Eltern als annähernd neutrale Instanz wahrgenommen zu werden. Gleichzeitig verschafft die Distanz zum Problem auch mehr Möglichkeiten, Lösungsansätze zu finden, da die Situation aus einer neuen Perspektive heraus betrachtet werden kann.

### 11.1.4 Hoch- und Tiefstatus im Gespräch

Aus der Theaterpädagogik kennen Sie vielleicht die Begriffe des Hoch- und Tiefstatus. Demnach nehmen alle darstellenden Personen einen Status ein, der entweder eher hoch oder eher tief ist. Das lässt sich körperlich gut abbilden, etwa durch eine sehr aufrechte, raumgreifende oder dominante Körperhaltung gegenüber einer eher zurückhaltenden oder unterlegenen Haltung (überzogen wie »die stolze Flamencotänzerin«, »der Polizist« versus »Bittsteller« oder »das schwarze Schaf der Familie«). Dabei bedingen sich die unterschiedlichen Rollen gegenseitig, wenn also eine Person im Hochstatus spielt, wird die andere automatisch einen tieferen Status einnehmen. Man spricht hier von der Statuswippe. Auch in pädagogischen Kontexten wie der Schule spielt der unterschiedliche Status eine Rolle, wie Maike Plath herausgearbeitet hat. Dieses Wissen lässt sich auf Elterngespräche übertragen:

Wenn Sie als Expertin sprechen, wird dies einen hohen Status vermitteln. Wenn Sie als empathischer Berater sprechen, werden Sie eher einen etwas tieferen Status einnehmen. Das wird vom Gegenüber häufig eher als sympathisch empfunden. Sie können die Rollen und damit den Status im Gespräch wechseln und durch Sätze wie »Als Mathelehrerin möchte ich Ihnen sagen...« oder »Als Klassenlehrer ist meine Beobachtung...« markieren. Wenn Eltern allerdings noch kein Vertrauen haben, ist es ratsam, den Expertinnenstatus erst später ins Spiel zu bringen und zunächst mehr Nahbarkeit zu vermitteln.

## 11.2 Eskalierte Konflikt- und Krisengespräche führen

In unserem Beruf geht es so oft um Kooperation, dass eine offene Nicht-Kooperation schwer vorstellbar erscheint. Sie entspricht auch nicht dem gesellschaftlichen Auftrag von Pädagoginnen. Dabei hat schon der Friedensnobelpreisträger Mahatma Ghandi ein *noncooperation movement* im Jahr 1920 in Gang gesetzt, um die indische Unabhängigkeit gegen die britische Herrschaft durchzusetzen. Damit ist gleichzeitig gesagt, wann Nicht-Kooperation das Mittel der Wahl ist. Nämlich dann, wenn ein Kampf im Raum steht, der so geführt werden soll, dass er nicht unnötig eskaliert, aber bei dem Sie gleichzeitig Stärke demonstrieren. Sie wollen etwas Wichtiges durchsetzen? Sie können nicht darauf verzichten? Dann sind Strategien wichtig, die Ihnen Stärke verleihen, ohne den Machtkampf unnötig anzuheizen.

Manchen Eskalationen kann man nicht ausweichen. Ob nun eigene Fehler dazu führten oder die Eltern sich aggressiv verhalten, weil sie ebenso ticken, ist dabei zweitrangig. Es gibt Eltern, die besonders schnell eskalieren, also einige Konfliktstufen im Schnelldurchgang nehmen. Sie beschweren sich direkt bei der Leitung, ohne mit der Pädagogin gesprochen zu haben, sie werden beleidigend oder drohen sogar. Eltern haben eben auch in aller Regel keine pädagogische Grundausbildung, manchmal von Ich-Botschaften noch nie gehört. Jeder absolute Wille zur Kooperation endet dort, wo Sie beleidigt, bedroht werden oder Ihre Kompetenz untergaben wird.

Dies war beispielsweise während der Schulschließungen oder dem Umgang mit spezifischen Maßnahmen während der Coronazeit zu beobachten.

Für eine eskalierte Situation gilt, was für andere Krisen auch gilt. Alle Beteiligten haben ein unangenehmes Gefühl von Kontrollverlust und manchmal auch Orientierungslosigkeit. Sie sind längerfristig belastet, wollen aber die Belastung möglichst bald hinter sich bringen. Auch die Schwierigkeiten mit den Eltern wollen Sie sicher lösen – allerdings nicht auf Ihre Kosten. Mir gefällt dazu die Idee des Florettfechtens, bei dem die Klingen gekreuzt werden. Beim Florett wird mit stumpfen Klingen gekämpft, anders als beim Degenfechten. Jede Person trägt einen Schutzanzug, Maske und Brustschutz inbegriffen und es gibt klare Regeln, wie kontrolliert gekämpft werden darf. Gekämpft wird innerhalb der Zone des Rumpfes, unfaire Stöße gelten nicht. Wenn also Eltern in Fechtstimmung auf Sie zutreten, sollten auch Sie die Klinge erheben und sich bedacht, aber wehrhaft verteidigen. Meines Erachtens schadet es eher Ihrem Ansehen, wenn Sie jeden Angriff dulden. Viel authentischer und standhafter ist es in meinen Augen, zu vermitteln, dass man sich durchaus zu wehren weiß – wenn es denn nötig ist!

Frau Mariac sucht die Lehrerin zwischen Tür- und Angel auf und erklärt, dass die Konflikte zwischen ihrer Tochter Marisa und dem Nachbarskind nicht länger hinnehmen werde. Sie habe sich über die Unfähigkeit der Lehrerin schon im Schulamt beschwert und einen

Anwalt kontaktiert. Als die Klassenlehrerin in der Pause zum Schulleiter geht, und dieser die Mutter anruft, klingt die Situation am Telefon anders. Der Schulleiter kündigt an, ebenfalls einen Bericht an das Schulamt zu schicken und die Amtsjuristin einzuschalten und weist daraufhin, dass solche Gespräche vor der Klasse zu unterbleiben haben. Das möchte die Mutter nicht, sie habe im Zorn reagiert, aber bisher noch keine weiteren Schritte unternommen. Sie sei an einem gemeinsamen Gespräch mit Schulleitung und Lehrkräften interessiert.

## 11.2.1 Wildwasser fahren

Ursprünglich gedacht ist die Methode »Manage in Change« für herausfordernde Situationen in Unternehmen, ich finde sie jedoch auch für pädagogische Einrichtungen mit etwas Anpassung einsetzbar. Dabei schlägt Vogt (2014, S. 246) folgende Schritte vor:

1. Die persönliche Balance halten: In einer Belastungssituation ist es wichtig, dass Sie zuerst sich selbst gut stabilisieren. Achten Sie in diesen Zeiten besonders auf genügend Pausen, Erholung, ausreichend Schlaf und auf ihre Ernährung. Pflegen Sie ihre Kraftquellen und das, was Ihnen auch sonst Freude bringt. Das können Hobbies, Entspannungstechniken und das Zusammensein mit lieben Menschen sein. Auch inhaltlich können Sie sich in Balance bringen, wenn Sie das Thema der Krise mit einem Coach, mit der Leitung oder Ihren Kollegen durcharbeiten.

2. Orientierung geben und einholen: Hier kann der bisherige Ablauf des Konfliktes reflektiert werden, am besten mit einer Visualisierung (zum Beispiel mit der Timeline → Kapitel 7.3). Verschiedene Aufträge der beteiligten Parteien können herausgearbeitet werden und vermutete Positionen und Bedürfnisse. Außerdem gibt die rechtliche Grundlage Orientierung. Auch ähnliche Fälle in der Vergangenheit können betrachtet werden. Hier kann auch ein komplexes Problem auf das wesentliche Thema reduziert werden. Worauf kommt es jetzt an? Was lassen wir weg?

3. Kohärent kommunizieren: In einer Krise sollten Sie nicht alleine stehen! Kommunizieren Sie möglichst häufig über den Konflikt mit ihrem Team, mit der Leitung und Personen, die Ihnen Rat geben können. Machen Sie auch Ihre eigenen Beweggründe in dieser Runde transparent. Vogt zitiert Schmidt mit der Bezeich-

nung der »verbale(n) Problemlösungsgymnastik« (Vogt, 2014, S. 251). Günstig sind kollegiale Fallberatungen oder eine Supervisionssitzung.

4. Machen Sie Entscheidungen transparent: Sie haben nach reiflicher Überlegung Ihre Entscheidung getroffen. Diese müssen Sie den Eltern mitteilen. Machen Sie Ihre Entscheidung für die Eltern und eventuell auch für das Kind transparent. Warum wurde so entschieden? Wer war an der Entscheidung beteiligt? Welche Alternativen wurden überlegt? Welche Konsequenzen folgen nun aus der Entscheidung?

5. Fahren Sie Wildwasser: »Das richtige Verhalten in schwierigen Situationen sollte man üben« (ebd., S. 253). Mit Ihrer zunehmenden Berufserfahrung werden Sie immer mal wieder eine krisenhafte Situation erleben und gleichzeitig Erfahrungen sammeln, wie Sie diese überstehen. Was hat Ihnen beim letzten Mal geholfen? Und schließlich endet Vogt mit den Worten: »Versuchen Sie, das Wildwasser zu lieben. Es schäumt so schön« (ebd., S. 253).

Frau Satic hatte schon von Anfang an Probleme mit der Klassenlehrerin. Eigentlich hatte sie mit der Schule schon Probleme, als der ältere Sohn sie besuchte. Sie fühlt sich zu häufig kritisiert in ihren Erziehungsmethoden, sie fühlt sich nicht wertgeschätzt und ist sich sicher, dass die Lehrerin Frau Neumann ihren Sohn David nicht leiden kann. Zusätzlich befürchtet sie, dass Kinder mit Migrationshintergrund von der Lehrerin besonders sanktioniert und deutsche Kinder bevorzugt werden. David hatte von Anfang an Schwierigkeiten in der Schule. Er besuchte die Vorklasse. Schon in der ersten Klasse hatte er mit Unlust zu kämpfen und konnte wenig mitarbeiten. Die Leistungen reichten von Jahr zu Jahr gerade so für die Versetzung. Der Konflikt zwischen Lehrerin und Mutter flammte immer wieder auf und war nicht richtig zu lösen. In Phasen, in denen es mit David besser lief, führten beide keine Gespräche und es wurde etwas ruhiger. Die Lehrerin war darüber dann erleichtert, weil sie sich oft angegriffen fühlte durch die emotionale Kritik der Mutter und sie als verletzend empfand. Im letzten Schuljahr eskalierte der Konflikt besonders: David musste von der Klassenfahrt abgeholt werden, nachdem er dort mehrfach weggelaufen war und nicht mehr auf die Anweisungen der Lehrkräfte reagierte. Danach legte die Lehrerin fest, dass David nur noch in Begleitung eines Elternteils an den letzten Ausflügen teilnehmen darf, um die Aufsicht zu gewährleisten. Nun ist der letzte Ausflugstag da, die Mutter begleitet David. Sie hält sich jedoch von ihm fern. David gerät in Streit, die Lehrerin trennt die beiden Kinder. Die Mutter beobachtet und beschwert sich lautstark bei den anderen Eltern zur Begleitung: »Immer bestraft sie meinen Sohn. Sie kann einfach keine Ausländer leiden. Diese Frau ist unmöglich! Was ist das nur für eine Lehrerin!« Die anderen Eltern und auch die anwesenden Kinder schweigen betreten. Am nächsten Tag folgt das Abschiedsfest der Klasse. Da Frau Neumann befürchtet, dass die Mutter auch hier schlechte Stimmung durch ihre Anschuldigungen verbreitet, informiert sie den Elternbeirat und bittet um Unterstützung, falls es zur Eskalation kommen sollte. Auch in ihrer Abschlussrede spricht sie an, dass die Kooperation mit den meisten Eltern sehr gut war, aber nicht in allen Fällen gelungen sei. Sie bedaure dies, einige Eltern hätten es ja auf dem Ausflug erlebt. Sie habe ihr Bestes gegeben. Daraufhin schweigt die Mutter betreten, später bedanken sich die Großeltern bei Frau Neumann persönlich für alles, was sie für ihren Enkelsohn getan habe. Auch die anderen Eltern würdigen ihre Arbeit. Frau Neumann überlegt für den nächsten Jahrgang, den sie übernehmen wird, ob sie andere Eltern in einer Krise früher beteiligen sollte.

## 11.2.2 Einstreugeschichten und positive Beispiele

Nicht immer sind massive Konflikte zwischen Eltern und pädagogischen Kräften Anlass der Krise. Auch besonders einschneidende Erfahrungen, wie ein Schicksalsschlag, können Krisen hervorbringen, in der Sie als Ratgeberin kontaktiert werden. Für Krisen von Eltern und Kindern gibt es die Methode der Einstreugeschichten als einfühlsame Möglichkeit, den Weg für neue Perspektiven zu eröffnen. Das können kraftvolle Metaphern oder besondere und therapeutisch wirksame Geschichten sein, aber auch einfache Beispiele von ähnlich gelagerten Fällen. Echte Einstreugeschichten sind nach Müller-Kalthoff (2014) wirksame Geschichten, die gewünschte Erfahrungen näher rücken und eher den intuitiven Zugang zum Problem und der Lösung ansprechen. Sie finden in beratenden und therapeutischen Kontexten statt und benötigen Vorbereitungszeit, damit sie eine Identifikation anbieten und eine Lösung in den Raum stellen. Müller-Kalthoff (2014) nennt hier einige Beispiele wie »polynesisch segeln« (S. 111). Auch Schwing und Fryszer (2013) schlagen Metaphern und Geschichten vor, um neue Lösungsvorschläge indirekt einzuführen. Sie regen an, wie gute Geschichten produziert oder gefunden werden können (S. 292 f.). Im Bedarfsfall lohnt es sich, hier genauer zu recherchieren.

In der Beratung im pädagogischen Kontext werden viel häufiger aber einfache Geschichten von gelungenen Beispielen gebraucht, die Mut machen können. In einfacheren Fällen habe ich auch schon gute Erfahrungen mit einem Cartoon oder eine Skizze gemacht. Zum Beispiel mit dem Eisberg-Modell, nach dem der größere Anteil des Konflikts nicht sichtbar, unter Wasser ist und eigene Anteile wie Gefühle, Wertungen und die eigene Vorgeschichte enthält. Ich rate davon ab, Geschichten aus der eigenen Vita zu nutzen, weil sie möglicherweise distanzlos oder im schlechteren Fall anbiedernd wirken können. Die Eltern sollten an diesen Geschichten oder Beispielen erfahren:

1. Ich bin nicht alleine damit. Andere hatten schon vor mir ein solches Problem.
2. Mein Gegenüber erkennt mein Problem und reagiert empathisch.
3. Das Problem wurde schon einmal gelöst.
4. Ich kann die Lösung annehmen oder eine eigene finden.

> Die Mutter von Hannah ist außer sich, sie wurde vom Hort angerufen, dass ihre Tochter dort nicht angekommen sei. Auch die Schule wurde informiert und hat die Suche schon aufgenommen. Nun ruft Hannas Mutter im Lehrerzimmer an und ist den Tränen nah. Die Lehrerin berichtet der Mutter, dass bisher alle Fälle, in denen Kinder nicht angekommen waren, gut aufgelöst wurden. Alle Kinder wurden gefunden und das Verschwinden ließ sich einfach klären. Beim letzten Mal hatte ein Zweitklässler einfach spontan beschlossen, ein befreundetes Kind zu besuchen. Daraufhin entspannt sich die Mutter etwas. Die Lehrerin erklärt der Mutter, wie die Schule mit solchen Meldungen umgeht und was dann folgt. Schließlich stellt sich heraus, dass Hannah auf ihre Freundin Nele aus einer anderen Klasse auf dem Schulhof gewartet hatte, um mit ihr gemeinsam zu laufen. Nele hatte aber noch eine Stunde länger Unterricht. Die Lehrerin findet Hannah schließlich auf dem Schulhof.

## 11.3 Kontrollierte Eskalation – die nächsten Schritte

Wenn ein Konflikt eskaliert, sollten Sie schon früh andere mit einbeziehen. Das erhöht ihre eigene Stabilität, aber auch den Ideenpool für kreative Konfliktlösungen. Interne Bündnispartner und die Vorteile der kohärenten Kommunikation habe ich bereits im → Kapitel 11.2.1 erläutert. Sie können auch mit der Schulsozialarbeiterin oder Leitung zur Konfliktlösung kooperieren. Denn die Leitung einer Einrichtung hat oft Gelegenheit, in konflikthaften Situationen Erfahrung zu sammeln und möglicherweise sind ähnliche Fälle bekannt oder schon gelöst worden. Die Leitung kann dabei beratend für Sie tätig werden oder als nächste Maßnahme wirken, indem sie beispielsweise das nächste Gespräch leitet, mit den Eltern telefoniert oder Sanktionen verhängt. Da in konflikthaften Gesprächen auch immer schlechter kommuniziert und zugehört werden kann, empfehle ich ab dieser Stufe, mehr zu verschriftlichen. Das können Aktennotizen sein, Gespräche sollten unbedingt protokolliert werden, Vorfälle sollten dokumentiert werden. Die nächsten Schritte bei Sanktionen sollten im Brief vermittelt werden ebenso wie die Begründung, wie es zu dieser Entscheidung kam. Für Ordnungsmaßnahmen besteht Protokollpflicht, damit die Maßnahme in der Schülerakte erscheint.

### 11.3.1 Interne Bündnispartner

Häufig ist es nicht bekannt, aber auch Elternbeiräte können zu Vermittlung und zu Konfliktgesprächen hinzugezogen werden. Elternbeiräte verfolgen ihr Amt häufig engagiert und sind zur Kooperation verpflichtet, gleichzeitig kennen sie die Elternperspektive sehr gut. Das macht sie in einigen Fällen zu guten Gesprächspartnern.

Es gibt zahlreiche Beschwerden über eine Lehrerin und die Qualität ihres Unterrichts und die letzten Arbeiten. Die Eltern fordern einen Elternabend. Zur Vorbereitung treffen sich die beiden Elternbeiräte, die Lehrerin und die Schulleitung. Im Gespräch wird deutlich, dass die Elternbeiräte die Kritik gut kennen, gleichzeitig aber ein Interesse an einer guten Vermittlung haben und der Lehrerin nicht schaden wollen. So wird gemeinsam Punkt für Punkt vorbereitet für den

Elternabend. Die Zeit wird so geplant, dass alle Kritikpunkte auf gegriffen sind und gleichzeitig die Lehrerin Stellung beziehen kann. Der Elternabend beginnt hitzig, manchmal greifen die Elternbeiräte ein, damit der Ton sachlich bleibt. Am Ende des Elternabends fühlen sich zumindest alle Eltern gut informiert und einige Missverständnisse konnten gelöst werden. Das ist der guten gemeinsamen Vorbereitung zu verdanken! In der Nachbereitung gehen die Lehrerin und die Schulleitung die Kritikpunkte erneut durch.

In besonders kritischen Fällen, die den Schulfrieden bedrohen, ist es wichtig, zumindest den Schulelternbeirat zu informieren. Es ist anzunehmen, dass sich zu diesem Zeitpunkt schon Gerüchte verbreiten, denen mit Information entgegengetreten werden sollte.

Laura und Neila sind auf dem Weg zum Hort, als ein Mann ihnen entgegenkommt, sie anrempelt und auch noch anschreit. Die beiden Mädchen kommen erschrocken im Hort an und berichten dort. Der Hort informiert die Eltern beim Anholen, ein Elternpaar wendet sich an die Polizei. Auch am nächsten Tag in der Klasse ist die Situation Thema. Am übernächsten Tag geht eine neue Meldung bei der Schulleitung ein, bei der ein Junge berichtet, angesprochen worden zu sein. Die Schulleitung informiert sofort die Polizei, die den Jungen vernimmt. Nun haben auch andere Klassen von den Vorfällen gehört, es entstehen Gerüchte und einige Kinder bekommen große Angst. In einem Elternbrief wird die Sachlage vermittelt, der zuvor mit dem Schulelternbeirat abgestimmt wurde. Gemeinsam wurde um Formulierungen gerungen, die nicht verharmlosen, aber trotzdem die Eltern auffordern, besonnen zu reagieren, um den Kindern keine unnötige Angst einzuflößen.

Auch Kollegen mit besonderen Kompetenzen können Bündnispartner für Gespräche sein. So ist es in manchen Gesprächen hilfreich, die Sportlehrerin, die das Kind mag, den Pfarrer, der auch Religion unterrichtet und das Kind aus der Konfirmandengruppe kennt oder den Arabischlehrer zum Gespräch dazu zu bitten. So kann die Kollegin nicht nur vermitteln, sie verpflichtet die Eltern häufig auch stärker, zu kooperieren.

## 11.3.2 Externe einbeziehen

Wenn Positionen mit Eltern strittig sind, ist es oftmals sinnvoll, Externe zum Gespräch einzuladen. So haben Schulpsychologen beispielsweise den Auftrag, zwischen Schule und Elternhaus im Bedarfsfall zu vermitteln. Sie haben große Erfahrung, da sie ja häufig zu den schwierigeren Fällen dazu gebeten werden. Manche Schulämter haben zusätzliche Anlaufstellen für schwierige Fälle, auch Schulamtsjuristen helfen, die juristische Grundlage des Konflikts zu klären. Für Kindergärten und Kitas haben die Träger entsprechende Anlaufstellen. Scheuen Sie sich nicht, Rat und Hilfe zu holen, bevor es brennt. Auch die Polizei oder Migrationsbeauftragte können zu Gesprächen in der Schule kommen.

Nadim besucht eine fünfte Klasse. Er ist sehr sportlich und in seiner Klasse einer der Anführer. Er hat auch eine WhatsApp-Gruppe eingerichtet. Dort wird über alles Mögliche gechattet, manche verschicken auch witzige Videos. Nadim hatte zuletzt ein Video verschickt, indem ein Mann gefoltert wird. Die anderen Kinder sind schockiert, wollen ihn aber nicht verraten. Ein Junge aus der Gruppe vertraut sich seinem Vater an. Der kontaktiert den Klassenlehrer. Der Klassenlehrer kennt die Eltern kaum, da meistens der große Bruder zu den Elternabenden kommt und übersetzt. Er lädt die Eltern ein und den Migrationsbeauftragten der Polizei. Der kann übersetzen und vermitteln. Zum ersten Mal kommt auch der Vater mit zum Gespräch. Er erklärte, die Mutter habe das Handy geschenkt, er wisse gar nicht, dass sein Sohn damit auch ins Internet könne. Die Erziehung sei in den meisten Punkten Sache seiner Frau. Die erklärt, dass sie Nadim eine Freude machen wollte. Ihr sei nicht klar gewesen, was damit alles passieren könne. Zuerst leugnet Nadim, dass er das Video verschickt hat. Am Ende erzählt Nadim jedoch, dass er das Video aus seinem Karate-Verein bekommen hat. Dort trainiert er mit größeren Jugendlichen zusammen. Es könne sein, dass er es aus Versehen weitergeleitet habe. Ihm war nicht klar, wie schlimm das alle finden. Er selbst war sich nicht sicher, wie er das Video findet. Die Eltern erklären sich bereit, mit Nadim Regeln für die Handynutzung zu finden. Einige Beispiele nennt ihnen dazu der Migrationsbeauftragte.

### 11.3.3 Regeln und Vorschriften

Die gesetzlichen Vorgaben regeln deutlich, wann welche Maßnahmen ergriffen werden können und geben damit Orientierung. Zusätzlich gibt es zahlreich Konzepte, wie mit Eltern kooperiert werden kann. Vielleicht liegt auch in Ihrer Einrichtung eine Handreichung vor, was im Konfliktfall zu tun ist. Nutzen Sie vorliegende Regeln, Konzepte und Erfahrungen. Das stärkt gleichzeitig im strittigen Fall vor Eltern, wenn Sie sich darauf berufen können: »Wir haben in unserer Einrichtung die Absprache, solche Fälle auf diese Weise zu lösen …« oder »Das Schulgesetz sieht für diesen Fall folgendes vor: …«

Am Nachmittag herrschte an diesem Tag besonders viel Betrieb auf dem Schulhof, es war sonnig, viele Kinder spielten und einige Eltern standen am Schultor. Misstrauisch beobachteten sie den Mann, der mit der Kamera Fotos auf dem Pausenhof machte. Die aufsichtsführende Kollegin sprach ihn an, zu wem er wolle, ob sie ihm helfen könne. Er antwortete unwirsch, dass sei seine Angelegenheit. Die Kollegin informiert ihn, dass er diese Angelegenheit mit der Schulleitung besprechen solle. Sie bittet einen weiteren Kollegen, den Schulleiter zu holen. Dieser lässt sich den Ausweis zeigen und fordert den Mann als schulfremde Person auf, den Schulhof zu verlassen. Der Mann protestiert, er habe für seine Vorlesung Fotos benötigt. Der Schulleiter untersagt ihm, Fotos zu machen und droht ihm an, bei Zuwiderhandlung Hausverbot zu erteilen, das sich auch auf den Schulhof bezieht.

## 11.4 Neue Autorität und sichere Schule – nach Haim Omer und Arist von Schlippe

Wenn ein Kind über Grenzen hinweggeht oder die Pädagoginnen und die Eltern stark fordert, geraten alle Beteiligten schnell in Gefühle von Hilflosigkeit und Ohnmacht. Wie schnell wird dann die Verantwortung oder gar Schuld zwischen den Beteiligten hin und her geschoben und eine Kooperation wird schwierig. Hier braucht es einen kühlen Kopf und einen guten Zusammenhalt mit Eltern und innerhalb der Einrichtung. Die zuvor aufgeführten Methoden können hilfreich sein, mehrere Sichtweisen und Ansätze gleichwertig nebeneinander zu stellen. Omer und von Schlippe (2016) entwickelten einen neuen Zugang, in dem es um »neue Autorität« geht und der in den zuvor geschilderten Fällen mit dem »gewaltlosen Widerstand« antwortet.

### 11.4.1 Der Begriff der neuen Autorität

Schule und Erziehung arbeiten mit Autorität. Diese geben die Regeln vor und sollen respektiert, anerkannt und unterstützt werden. Dabei stehen Sie dem Begriff der Macht sehr nahe und zwar der Macht, das Geschehen zu deuten und die entsprechenden Maßnahmen durchzusetzen. Diese traditionelle Auslegung von Autorität wird teilweise in den gesetzlichen Vorgaben schon hinterfragt, wenn beispielsweise der Schüler und seine Eltern ein Recht auf Anhörung haben und vor Maßnahmen die Gelegenheit haben sollen, sich zu äußern. In der gesellschaftlichen Entwicklung ist der traditionelle Autoritätsbegriff immer stärker hinterfragt. Früher hatte der Lehrer einfach Recht, heute wird das größtenteils nicht mehr als gesetzte Wahrheit gesehen. Omer und Schlippe (2016) fassen die Entwicklung so zusammen: »Die unwiderrufliche Erschütterung des traditionellen Autoritätsverständnisses und das Versagen des antiautoritären, permissiven Erziehungsstils warfen ein neues Problem in der Kindererziehung auf: Wie kann das Vakuum wieder gefüllt werden, das durch den Wegfall der traditionellen Autorität entstanden ist, sodass die Kinder entwicklungsfördernde Erfahrungen mit Grenzsetzungen, Anforderungen und der Auseinandersetzung mit Schwierigkeiten machen können – und zwar auf eine moralisch und gesellschaftlich vertretbare Weise?« (S. 27) Omer und von Schlippe entwickelten als Antwort den Begriff der »neuen Autorität«, der auf Präsenz, auf Nähe und Beziehung gründet. Dabei wird der neuen Autorität nicht mehr zwangläufig Anerkennung zuteil, sie wird in Unterstützernetzwerken erarbeitet und von sozialen Gruppen getragen. Diese Unterstützung erhalten pädagogische Kräfte dann, wenn es ihnen gelingt, einerseits besonders präsent und im guten Kontakt mit den Kindern oder Jugendlichen zu sein und sie andererseits selbst auf erniedrigende Maßnahmen und auch verbale Gewalt verzichten. Die neue Autorität soll auch Wege suchen, »um eskalierende Situationen zu vermeiden. Es ist die

Pflicht der Autoritätsperson, jeglichen destruktiven Verhaltensweisen des Kindes mit Entschlossenheit entgegenzuwirken, ohne dabei in den Teufelskreis von gegenseitigem Anschreien oder gegenseitigen Drohungen gezogen zu werden« (ebd., S. 31). Der Gedanke der neuen Autorität ist bahnbrechend und kann pädagogische Bemühungen in Elternhaus und Schule stark verändern. Denn die Grundannahme wird hier stark verändert, dass Kinder nicht zu kontrollieren seien und auch nicht kontrolliert und demnach im Wortsinn erzogen werden müssen. Omer (2016) zitiert Rotthaus mit den Worten: »Das Kind ist nicht Rohmaterial in der Hand des Meisters, sondern ein eigenständiges Lebewesen, das je nach seinen Neigungen und Bedürfnissen handelt und reagiert. Kinder [...] erziehen sich im Grunde selbst« (S. 43).

Diesen Ansatz halte ich für sehr gewinnbringend, gerade in Konfliktsituationen mit Kindern und Eltern, da sie sich erfahrungsgemäß häufig an der Macht der Pädagoginnen und an ihren Deutungen entzünden.

### 11.4.2 Sichere Schule oder ein sicherer Platz für Kinder

Der Begriff der sicheren Schule als einen Ort, an dem intensiv gegen Gewalt und Mobbing vorgegangen wird, bezieht sich zwar auf Schulen. Das nächste Fallbeispiel kann zeigen, dass Gewalt auch bei jüngeren Kindern schon vorkommt und dagegen vorgegangen werden muss.

Timmy und Hendrik besuchen denselben Kindergarten. Hendrik hat Schwierigkeiten, seine Emotionen zu steuern und gerät öfters in Wutausbrüche. Timmy ist ein blonder, sensibler Junge, der keiner Fliege etwas zuleide täte. Timmy und Hendrik mögen sich, weil sie ähnliche Spielideen haben. Einmal jedoch gerät Hendrik im Spiel so in Wut, dass er Timmy in die Wange beißt. Noch tagelang hat der ein großes blaues Mal der Zähne an der Wange und mittlerweile Angst vor Hendrik. Morgens hat er Angst, sich von seiner Mutter zu verabschieden und im Kindergarten zu bleiben. Die Erzieherinnen führen regelmäßige Gespräche mit Hendriks Mutter, die recht hilflos ist. Auch mit Hendrik haben sie gesprochen, dass er nicht beißen darf. Mit der Mutter von Timmy findet zu dem Vorfall kein Gespräch statt. Die Mutter wendet sich hilfesuchend an den Trägerverein.

Für einen sicheren Ort sollen Pädagogen die Verhaltensregeln bestimmen, die zum Schutz aller gelten. Wenn das nicht gelingt, passiert laut Omer (2016) folgendes: »Die Grobiane werden dann entscheiden, wer geschlagen, wer boykottiert, wer gedemütigt und wer ausgenutzt wird« (S. 172). Das würde die Verletzlichkeit der gesamten Kindergruppe steigern, da andere sich nicht mehr sicher fühlen, sich an Aktionen beteiligen oder wegschauen und schweigen. Mit sicherer Schule und Betreuung ist demnach nicht mehr Kontrolle, mehr Misstrauen und mehr Durchsuchungen gemeint, sondern mehr Präsenz und mehr Öffentlichkeit bei Konflikten und eine gemeinschaftliche Lösung.

### 11.4.3 Bündnisse zur Stärkung der Autorität

Am angreifbarsten sind Lehrerinnen, Betreuer und Erzieher, wenn sie alleine stehen. Bündnisse innerhalb der Einrichtung zu finden und auszubauen, ist deshalb ein zentraler Schritt im Programm der Arbeit mit Schulen. Dazu zählt das Bündnis mit der Leitung, die diesen Ansatz unterstützt und das Bündnis mit Kolleginnen. »Das Vorgehen gegen Gewalt und schwerwiegende Disziplinprobleme liegt nicht in der Verantwortung eines einzelnen Lehrers, sondern ist Aufgabe des ganzen Lehrkörpers« (Omer, 2016, S. 177). So können Reaktionen abgestimmt und gemeinsam vertreten werden und Klassenlehrer und Fachlehrerin agieren als Team. Zusätzlich wichtig ist das Bündnis mit den Eltern. Hier schlägt Omer verschiedene Unterstützungsmöglichkeiten vor, Vermittlungsausschüsse für Auseinandersetzungen zwischen Lehrkräften und Eltern oder auch die Transparenz zum Thema Gewalt und Disziplin. Schließlich werden auch Kinder und Jugendliche gewonnen, wenn sie erleben, wie gegen Gewalt respektvoll aber unnachgiebig vorgegangen wird. Die Schüler oder Kinder werden diese Regeln aufnehmen, sodass die größere Schülergruppe die neuen Regeln mittragen kann.

### 11.4.4 Präsenz

Die körperliche Präsenz als Mittel der Fürsorge, aber auch der Aufsicht ist allen Pädagoginnen bekannt. Das bedeutet auch, dort hinzugehen, wo es Konflikte gibt. Zusätzlich benennt Omer (2016) die emotional-moralische Präsenz, mit der der Pädagoge beispielsweise bei Gewalt einschreitet: »Ich gebe dir nicht nach, und ich gebe dich nicht auf!« (S. 208) Damit kann nach dem Konflikt wieder an der positiven Beziehung angeknüpft werden. In diesem Sinn ist auch die handelnde Präsenz zu verstehen, die nicht auf Sanktionen beruht, sondern auf das Einschreiten und den standhaften Widerstand gegen destruktive Verhaltensweisen. Das beinhaltet auch die Erinnerung an Regeln, die in der Wir-Form formuliert werden und die Begleitformulare, die für einzelne Schüler bezüglich ihres Verhaltens geführt werden (vgl. Omer, 2016, S. 209). Auch der Rundgang, bei dem von einem bestimmten Schüler (beispielsweise mit Verhaltensproblemen) in der Pause die Unterschriften der aufsichtsführenden Lehrkräfte eingesammelt werden müssen, verstärken die Präsenz. Beschrieben werden zusätzlich Maßnahmen wie das Schul-Sit-in und die Beurlaubung vom Schulbesuch in Zusammenhang mit durchgängigem Elternkontakt, die hier nur angedeutet werden können. Insgesamt beschreibt Omer Mittel zum Vorgehen gegen Gewalt, die den Eltern in der gesamten Einrichtung transparent gemacht wurden und die daher einen großen Rückhalt in der Schulgemeinde haben. Auch dadurch lassen sich zahlreiche Einzelkonflikte einschränken. Insbesondere bei solchen Vorfällen benötigt das Kind die Grenzerfahrung, aber auch die liebevolle Fürsorge der Erwachsenen. Daher liegt es im besonderen Maße im Interesse des Kindes und seiner Entwicklung, wenn Eltern und Einrichtung eine Kooperation gelingt und der Machtkampf zwischen Elternhaus und Schule vermieden wird. Das gelingt umso besser, wenn eine Kooperation grundsätzlich und programmatisch angelegt ist.

### 11.4.5 Elterliche Präsenz an der Schule

Erfahrungsgemäß gibt es einige Bereiche, in denen eine Kooperation mit Eltern bereits in zahlreichen Einrichtungen Realität ist, wie die Begleitung von Ausflügen. Es gibt aber auch Gründe, die aus Lehrersicht dagegensprechen, Eltern in besonderem Maße in die schulische Arbeit einzubinden. Dagegen spricht, dass sich das Kind dieser Eltern schlechter abgrenzen und ablösen kann, dass manche Eltern in einer Weise Einfluss nehmen oder intervenieren, die nicht gewünscht ist oder auch, dass Eltern Einzelheiten

aus dem Schulalltag aufschnappen, die sie nicht immer vertrau-
lich behandeln.

> Frau Martens ist etwas besorgt um ihre Tochter Marie, die ein zartes
> Mädchen ist. Marie spielt jedoch gerne in der Pause wilde Spiele.
> Wenn die Mutter vom Einkaufen kommt, bleibt sie manchmal am
> Zaun des Schulhofs stehen und schaut nach Marie. Sie passt ihre
> Einkäufe zeitlich so an, dass sie öfters zu Pausenzeiten dort vorbei-
> kommt. In der Klasse wird häufig Mädchen gegen Jungen gespielt,
> was mit Fangen und Necken verbunden ist. Auch heute ist es ein wil-
> des Gerenne, als Jamie Marie schubst. Marie stürzt und schlägt sich
> das Knie blutig. Ihre Freundin holt die Aufsicht. Bevor die Lehrerin
> beim Kind ist, ist Frau Martens zu Marie gelaufen und tröstet sie.
> Gleichzeitig schreit sie Jamie an, dass er das nie wieder tun solle,
> sonst würde sie seine Mutter anrufen. Jamie ist verängstigt und den
> Tränen nah und weicht seitdem Frau Martens aus, wenn er sie sieht.

Und trotzdem plädiert Omer (2016) dringend dafür, die elterliche
Präsenz als wichtige Stütze der gemeinsamen Autorität auszubauen
und argumentiert mit seinen Erfahrungen an Schulen: »[…] elterliche Präsenz [liegt] im gemeinsamen Interesse des Schülers, der
Eltern und der Schule […] Sie reduziert Gewalt und Störungen der
Ordnung, verbessert die Lernfähigkeit der Schüler und stärkt die
Autorität sowohl der Eltern als auch der Lehrer« (S. 231). Er nennt
erfolgreiche Beispiele, in denen Eltern als Aufsicht bei Busfahrten,
als Helfer bei Hausaufgaben und als Präsenz im Unterricht bei Ver-
haltensschwierigkeiten mithalfen. Auch Beispiele von Eia Asen am
Marlborough Familienzentrum in London zeigen sehr anschaulich,
wie Kindern mit massiven Verhaltensproblemen durch elterliche
Präsenz geholfen wurde und Elterngruppen entstanden, die sich
gegenseitig unterstützten (Omer, 2016, S. 236 f.).

## 11.4.6 Schlussfolgerung für aktuelle Konfliktsituationen

Es führt zu weit, das gesamte Interventionsprogramm und die noch
ausstehenden Ideen zu Öffentlichkeit und Wiedergutmachung hier
darzustellen. Allerdings können einige Schlussfolgerungen aus diesem neuen Ansatz gezogen werden, die Ihnen weiterhelfen können.

1. Schule und Erziehung haben auch immer mit Macht und Autorität zu tun. Fragen Sie sich, welchen Autoritätsbegriff Sie bisher anwenden:

   ✔ *Welcher Typ sind Sie?*
   ✔ *Hat Autorität etwas mit dem aktuellen Konflikt zu tun?*

2. Gewaltloser Widerstand stärkt die Glaubwürdigkeit und erfordert Präsenz und Beziehung.

   ✔ *Haben Sie Maßnahmen ergriffen, die Sie angreifbar machen?*
   ✔ *Welche Maßnahmen führen dazu, dass Sie Präsenz und Standhaftigkeit zeigen können?*

3. Bündnisse stärken Ihre Autorität. Dazu bedarf es eines intensiven Austauschs mit anderen.

   ✔ *Welche Bündnispartner nutzen Sie schon?*
   ✔ *Welche Bündniskreise können Sie noch ausbauen?*

4. In ihrem Buch »Stärke statt Macht« beschreiben Omer und von Schlippe (2016) ein Interventionsprogramm.

   ✔ *Gibt es an Ihrer Einrichtung ein ähnliches Programm?*
   ✔ *Wir wird mit eskalierten Situationen umgegangen?*

5. Omer betont die Wichtigkeit, Eltern bei schwierigem Verhalten mit ins Boot zu holen für gemeinsame Maßnahmen.

   ✔ *Wie stehen Sie zur Zusammenarbeit mit Eltern in Krisen?*
   ✔ *Gibt es dazu positive Erfahrungen in Ihrer Einrichtung?*
   ✔ *Was könnte ein erster/ein weiterer Schritt sein?*

6. Omer entwickelt Maßnahmen im Umgang mit verhaltensschwierigen Schülern, die ungewöhnlich sind, weil sie gleichzeitig auf den Erhalt der Beziehung zum Kind setzen. Dabei wird auf jede Störung reagiert, aber oft erst nach Rücksprache mit dem Team und im Sinne des Kindes.

✔ *Welche dieser Maßnahmen passen für Sie?*
✔ *Können Sie sich ähnliche Maßnahmen für Ihre Einrichtung vorstellen?*

7. In einem Vortrag schildert Omer, dass auch Anrufe bei Eltern nach einem Vorfall gemeinsam getätigt werden und Kolleginnen sich auch im Umgang mit Eltern oder Kindern stützen, die ihre Autorität anzweifeln. Beispielsweise wird jeder Vorfall von Respektlosigkeit als ein Fall für das gesamte Kollegium behandelt.

✔ *Fühlen Sie sich genügend als Autorität respektiert?*
✔ *In welchen Fällen wünschen Sie sich diese Unterstützung?*

## 11.5 Andere Krisen und Sonderfälle

Wer lange in einer Einrichtung arbeitet, erlebt immer mal wieder besondere und extreme Situationen, die besonderes Handeln erforderlich machen. Dazu gehören Situationen, in denen Kinder bedroht sind oder unmittelbare Gefahr besteht. In solch belastenden Situationen helfen Sie dem Kind am besten, wenn es Ihnen gelingt, Ruhe zu bewahren. Sie können das mit der Situation vergleichen, wenn der Notarzt oder der Rettungswagen gerufen wird. Wer das erlebt hat, kann nur die Ruhe und manchmal auch den Humor bewundern, mit dem Nothelferinnen in Ausnahmesituationen häufig reagieren. Verglichen damit erleben wir im pädagogischen Kontext einen solchen Notfall recht selten.

### 11.5.1 Sonderfall: Verdacht auf Kindeswohlgefährdung

Der § 8a im Sozialgesetzbuch VIII schreibt vor, dass Schulen und Kitas im Rahmen ihres Schutzauftrages bei dem Verdacht auf Kindeswohlgefährdung ein explorierendes Elterngespräch führen. Sie müssen also Hinweisen auf beispielsweise Gewalt oder Vernachlässigung nachgehen und die Eltern im Gespräch dazu befragen. Häufig bedeutet das, sie zuerst zu konfrontieren. Diese Situation stellt Eltern in einen Zwangskontext, sie werden beraten, ohne um diese Beratung gebeten zu haben und im Zweifelsfall auch ohne sie zu wollen. Aber auch die pädagogischen Kräfte befinden sich in der misslichen Lage, gesetzlich verpflichtet und doch meist wenig vorbereitet auf ein annähernd therapeutisches Setting zu sein. Jede Beratung beruht grundsätzlich auf Freiwilligkeit und der Würde des zu Beratenden. Dieses Dilemma in einer unfreiwilligen Beratungssituation aufzulösen, stellt bereits erfahrene therapeutisch Tätige vor Herausforderungen. Für Lehrkräfte ist das eine Situation, die nur mit klaren Regeln und Unterstützung zu meistern ist. Daher sind erfahrene Fachkräfte vorgeschrieben, die im Prozess zur Seite stehen. Diese iseF-Kräfte kennen die Einschätzungsbögen zur Gefährdungsbeurteilung, die Abläufe und Verfahren und helfen, einen Schritt nach dem anderen zu gehen. Viele Städte und Kommunen haben ein Schutzkonzept[3] für den Kinderschutz entwickelt, mit dem sich die iseF-Kraft auskennt.

Die oben beschriebene Situation führt im Gespräch selbst häufig dazu, dass die Konversation emotional in einem Spannungsfeld geführt wird. Dieses Spannungsfeld erstreckt sich von der Angst vor dem Jugendamt sowie der Einschätzung durch die Schule bis zu dem Widerstand, der durch die Sorge entsteht, womöglich falsch verstanden und vorverurteilt zu werden. Mit diesem paradoxen Setting hat sich unter anderem Marie-Luise Conen in ihrem Buch mit dem passenden Titel »Wie kann ich Ihnen helfen, mich wieder loszuwerden?« beschäftigt. Sie deutet damit an, wie sich trotz unfreiwilligem Setting eine gewisse Motivation für das Gespräch wecken lässt:

- ✔ *Wie kommen Sie hier wieder raus?*
- ✔ *Wie können wir möglichst zügig dafür sorgen, dass wir diese Gespräche nicht mehr brauchen?*
- ✔ *Wie kann ich Sie unterstützen, die Situation so zu verändern, dass wir dieses Gespräch nicht mehr brauchen?*
- ✔ *Nun, da Sie einmal hier sind, wie werden Sie mich schnell wieder los?*

Nach meiner Erfahrung gibt es auch Elternteile, die im vertrauensvollen Gespräch ganz offen eine Überforderung und Gewaltsituationen im Umgang mit dem Kind zugeben. Mit Unterstützung finden sie einen Weg, wie sie Hilfe annehmen können, ohne befürchten zu müssen, dass das Kind ihnen »weggenommen« wird.

---

3　Z. B. der Kinderschutzordner der Stadt Dresden.

Sollte sich Ihnen ein Kind in einer bedrohlichen Situation anvertrauen, hören Sie dem Kind möglichst in Ruhe zu. Nehmen Sie Kontakt zur iseF-Kraft auf, die Ihnen hilft, die Situation im Anschluss richtig einzuschätzen und die nächsten Schritte gemeinsam zu überlegen. Suchen Sie sich in einer solchen Situation Rat und handeln Sie bedacht und nicht im Alleingang. Vorschnelle Maßnahmen können zusätzlichen Schaden anrichten. Bedenken Sie, dass die betroffene Person in aller Regel schon länger in dieser Situation ausharrt. Sollte das Kind selbst jedoch direkt um Inobhutnahme bitten, ist auf jeden Fall das Jugendamt sofort zu informieren. Es sollte dann bis zur Abholung in der Einrichtung verbleiben.

## 11.5.2 Sonderfall: Absentismus

Durch die gesetzliche Schulpflicht geraten Erziehungsberechtigte und auch pädagogisches Personal schnell in Zugzwang, wenn ein junger Mensch die Schule nicht besucht. Dadurch wird die Situation häufig als sehr belastend erlebt, es entsteht ein hoher Druck und Gespräche werden zunehmend emotionalisiert.

Dabei hilft hier, wie in den anderen Fällen auch, mit Offenheit und Neugier zu ergründen, welche Hintergründe und welches Ursachengefüge zu diesem Verhalten geführt haben. Bevor Schüler »schwänzen« oder gar die Schule abbrechen, haben sie eine Entwicklung hinter sich, die etwa so abläuft:

- ✔ *Sie werden zu auffälligen Schülern, die Anzeichen wie Motivationsverlust und stundenweises Fehlen zeigen.*
- ✔ *Später werden sie gefährdete Schülerinnen, die innerlich mehr und mehr aufgegeben und teilweise nicht mehr in die Schule kommen.*
- ✔ *Im schlimmsten Fall werden daraus abgekoppelte/ ausgestiegene Schüler, eine sehr heterogene Gruppierung, die außerschulische Maßstäbe ansetzt und die sich auf das Nicht-Schülerin-Sein (Dropout) zubewegt.*

Die Ursachen bewegen sich häufig in diesem Gefüge und können sich gegenseitig verstärken.

- Trennung/Scheidung
- Eltern unterstützen
  Schulbesuch nicht
- Erziehungsprobleme

- Schulklima
- soziale Kontakte
- organisatorische
  Strukturen
- »Schlechter« Unterricht

- Lernstörungen
- Leistungsversagen
- Hochbegabung

- Pubertät
- Trennungsangst
- emotionale Störungen/
  Angst

**Abbildung 6:** Ursachen für Absentismus

Wenn der junge Mensch der Schule häufig fernbleibt, ist der Kreislauf zunehmend schwieriger zu durchbrechen. Daher sollten Warnzeichen frühzeitig erkannt werden. Dafür ist es wichtig, dass das multiprofessionelle Team der Schule gemeinsam mit den Eltern und dem jungen Menschen ins Gespräch kommt und zügig reagiert. Lehrkräfte werden dabei von Jugendlichen häufig in der Rolle wahrgenommen, dass sie bewerten, maßregeln und Konsequenzen formulieren. Sie können sich daher fragen, ob die Jugendhilfe, die sozialpädagogische Fachkraft oder die Betreuung am Nachmittag leichter einen Zugang im Gespräch findet, um zu erfragen,

- ✔ *wo sich der junge Mensch aufhält,*
- ✔ *was er oder sie dort tut,*
- ✔ *mit wem er oder sie die Zeit verbringt,*
- ✔ *möglicherweise warum und wie es dazu kam*
- ✔ *und ob die Eltern darüber informiert sind.*

Auch hier leistet das Problem-Ursache-Schema gute Dienste, um die Komplexität der Situation des jungen Menschen in großen Runden besser zu ergründen und zu verstehen.

Obwohl es mit den Ordnungsmaßnahmen eine rechtliche Handhabe gibt, den Schulbesuch zu erzwingen, muss diese Reaktion als letzte Option betrachtet werden. Psychologisch-pädagogische Maßnahmen versprechen eine deutlich höhere Wirksamkeit und werden in zahlreichen Handreichungen erläutert (bspw. Hessisches Kultusministerium, 2020).

Besonders wichtig sind übrigens die Rückkehr-Situationen, also der erste Tag in der Schule nach dem Schwänzen. Gibt es Kommentare, Druck und viele Aufgaben, die nachgearbeitet werden müssen? Dann steigt die Wahrscheinlichkeit, dass sich die Abwesenheit beim nächsten Mal verlängert, weil die Rückkehr als unangenehm, stressig oder beschämend erlebt wird. Wenn Sie mit dem Rückkehrer oder der Rückkehrerin sprechen, können Ihnen folgende Überlegungen helfen:

- ✔ *Welche Emotionen leiten mich, bin ich enttäuscht, wütend, besorgt?*
- ✔ *Wie fühlt sich der junge Mensch wohl?*
- ✔ *Was würde er oder sie brauchen, um sich in der Schule zuerst wohlzufühlen, bevor er oder sie wieder mit dem Lernen beginnen kann?*
- ✔ *Wie kann die Schule wieder mehr sein oder ihr Ort werden?*
- ✔ *Unterstützen die Eltern ihn oder sie genügend?*
- ✔ *Kann ein gemeinsames Gespräch mit den Eltern und dem Schüler oder der Schülerin gewinnbringend sein?*

### 11.5.3 Sonderfall: Androhung von Gewalt

Eine andere Extremsituation ist gegeben, wenn von Beteiligten Gewalt angedroht wird oder Beteiligte tatsächlich gewalttätig werden.

Erkan war sechs Jahre alt und demnächst schulpflichtig. Die Kindergärtnerin Frau Braun war im Gespräch mit der zuständigen Grundschule, weil sie der Ansicht war, dass für Erkan eine Zurückstellung in die Vorklasse die beste Lösung sei. Die Mutter hatte im Elterngespräch zunächst widerwillig zugestimmt, wollte sich aber noch mit ihrem Mann besprechen. Der Mann kam auf dem Sommerfest auf Frau

Braun zu, um über die Zurückstellung zu sprechen. Dies war jedoch für Frau Braun kein günstiger Zeitpunkt, da sie in die Organisation des Festes sehr eingebunden war. Sie schlug vor, einen Termin zu vereinbaren. Der Vater war jedoch beruflich sehr eingespannt. Daher kam nur ein Telefongespräch zustande. Dabei lehnte der Vater die Zurückstellung vollkommen ab. Er war sehr aufgebracht und erbost, dass Frau Braun immer noch an ihrer Argumentation festhielt. Im Zorn rief er:»Sie sollten gut aufpassen! Sonst könnte es sein, dass Ihnen mal etwas passiert!« Frau Braun beendete das Gespräch sofort. Sie war sehr aufgebracht und rief die zuständige Polizei an. Der Polizeibeamte kannte ihre Einrichtung von der Verkehrserziehung. Er rief den Vater an und wies ihn darauf hin, dass jeder Vorfall, der jetzt im Umfeld von Frau Braun geschehen würde, mit ihm in Verbindung gebracht werden könnte. Er riet dem Vater sogar, dafür zu sorgen, dass der Erzieherin nichts geschieht, da er sonst besonders unter Verdacht stünde … Schließlich rief der Vater am nächsten Tag noch einmal in der Einrichtung an und entschuldigte sich. Er habe das nicht wörtlich gemeint und sei nur sehr aufgebracht gewesen; er fragte, ob sich nicht doch eine andere Lösung finden ließe. Frau Braun schlug vor, dass zunächst keine Zurückstellung erfolgen soll, sollte Erkan aber im ersten Quartal des Schulbesuches größere Schwierigkeiten haben, erklärten sich die Eltern bereit, ihn dann ohne Widerspruch in die Vorklasse zu geben.

Ansprechpartner für Extremsituationen sind neben der Leitung der Einrichtung auch die Polizei, die Schulpsychologen oder die Migrationsbeauftragten der Polizei. Im Fall von Beleidigungen, Bedrohung, Körperverletzung, Hausfriedensbruch oder Sachbeschädigung kann man sich auch an die örtliche Schiedsperson wenden. In so einer eskalierten Situation sollten Sie sich unbedingt dort Rat und Hilfe holen und die Gespräche nicht mehr alleine führen.

## 11.6  Wenn nichts mehr geht –
## vom Ende der Kooperation

Manchmal gibt es Situationen in der pädagogischen Arbeit, die trotz intensiver Bemühungen nicht mehr auf gute Weise lösbar sind. Dann hilft nur noch, auszusprechen, dass man gemeinsam nicht mehr weiterkommt. Im Sinne des Kindes ist es wichtig, eine solch unlösbare Situation nicht unnötig zu verlängern. Wenn Pädagogen und Eltern sich gar nicht einigen können, wird das Kind die Spannungen spüren und es besteht die Gefahr, dass es in einen Loyalitätskonflikt zwischen beiden Seiten gerät. In seltenen Fällen ist Diplomatie nicht mehr angemessen, hier muss der Konflikt offen benannt werden und klar Stellung bezogen werden. Die Eltern lehnen den Besuch der Einrichtung ab? Sie haben kein Vertrauen mehr zur Lehrerin? Sie sind nicht zu gewinnen und nicht offen für einen neuen Versuch? Dann muss die Leitung der Einrichtung vielleicht unter Hilfestellung von Externen (Schulpsychologen, übergeordnete Dienstelle oder Trägerverein) helfen, dass das Kind die Einrichtung wechseln darf. Gute Kontakte auf Leitungsebene können genutzt werden, wenn das Vertrauensverhältnis zerrüttet ist. Es ist in meinen Augen ein Zeichen der Stärke, zu wissen, wann die Grenzen erreicht sind und eine Kooperation endet. Dann kann ein Neubeginn für das Kind und die Familie eine neue Chance sein. Nach meiner Erfahrung sind Eltern in einer solchen Situation in der neuen Einrichtung dankbar und offener für eine Kooperation als vorher.

*Wenn Du das Problem nicht lösen kannst, löse Dich vom Problem.*
(frei zitiert nach Buddha)

Wichtig dabei ist, jede überflüssige weitere Streiterei zu vermeiden und in Aktion zu gehen. Führen Sie keinen weiteren Kampf mit den Eltern. Verharren Sie nicht länger im Status quo, sondern bringen Sie mutig zur Sprache, wie man jetzt am besten auseinandergeht. Verständigen Sie sich auf das Notwendige und beraten Sie die Eltern sachlich und gut, welche Wege ihnen jetzt offenstehen oder wo sie Beschwerde einlegen können. Man könnte auch an das Sprichwort denken: Lieber ein Ende mit Schrecken als ein Schrecken ohne Ende.

Herr Müller kommt mit seiner russischen Frau und dem gemeinsamen Kind Alexej zur Schüleranmeldung. Sie findet vorschriftsgemäß ein Jahr vor der Einschulung statt, um den Sprachstand des Kindes festzustellen und Kindern mit geringen Deutschkenntnissen einen sogenannten Vorlaufkurs anzubieten. Die Situation wird von den

Lehrerinnen spielerisch gestaltet, um den Kindern einen positiven ersten Eindruck der Schule zu vermitteln. Mit der Einladung waren die Anmeldeunterlagen verschickt worden. Hierüber ist Herr Müller sehr aufgebracht. Seiner Meinung nach gehen die Schule die privaten Daten der Eltern nichts an. Die Schulleiterin Frau Thalmann lädt die Eltern in ihr Büro ein und erläutert die Gründe und das Vorgehen der Schüleranmeldung. Der Vater beschwert sich, dass er zum Termin geladen worden sei. Er müsse sich mit dieser Schule nicht auseinandersetzen, sie sei nicht das richtige Umfeld für seinen Sohn. Es habe sich eben auf dem Flur noch mal bestätigt, als er die anderen Kinder gesehen habe: Sein Sohn passe hier nicht her und werde diese Schule definitiv nicht besuchen. Er sei durch nichts verpflichtet, dieser Schule seine Daten anzuvertrauen. Frau Thalmann entscheidet, die Familie auf schnellem Wege zu entlassen, da keine Kooperation gewünscht wird. Sie bittet darum, die Daten zu hinterlegen, die sie bereit wären, offen zu legen. Im nächsten Jahr mögen die Eltern bitte die Anmeldung für die Privatschule sobald wie möglich dem Sekretariat zukommen lassen. Da die Eltern ja sehr entschieden seien, sei auch keine weitere Erhebung notwendig. Das Gespräch ist nach wenigen Minuten beendet. Es bleibt für beide Seiten zu hoffen, dass die Anmeldung an der Privatschule gelingt und diese das Kind aufnimmt.

# 12 Marte Meo in der pädagogischen Arbeit

Marte Meo kurz und bündig zu erklären ist eine Herausforderung. Einige Erzieherinnen werden das Programm kennen. Marte Meo ist eine videobasierte Förderung von Entwicklung, daher sehr am Bild orientiert und in seiner Wirkkraft allein mit Worten kaum zu vermitteln. Wer damit arbeiten möchte, soll sich für Unterstützung an eine Expertin vor Ort wenden. Dieses Kapitel kann die persönliche Beratung nicht ersetzen. Es kann aber einen ersten Eindruck vom Potenzial dieser Methode vermitteln. Die Chancen und Ressourcen sind nach meiner Ansicht so weitreichend, dass ich zum Thema Elternarbeit auf eine Darstellung nicht verzichten möchte.

## 12.1 Videobasierte Arbeit in ihren Anfängen

Nach Dusolt (2001) und anderen gab es schon früh Eltern-Kind-Interaktionsbeobachtungen im Video. Diese wurden häufig ganz anders genutzt, nämlich um eigene Beobachtungen zu tätigen und Eltern eine Gelegenheit zu geben, das eigene Verhalten zu reflektieren. Die Wirkung ist nicht dieselbe und auch die Methode ist bei Marte Meo deutlich weiterentwickelt (S. 50 f.).

## 12.2 Die aktuelle Marte Meo-Arbeit

Seit mehr als 40 Jahren arbeitet Maria Aarts nun erfolgreich mit dieser Form der Entwicklungsanalyse in zahlreichen Ländern und Einrichtungen. »Ursprünglich als Entwicklungsunterstützung für Familien mit autistischen Kindern konzipiert, hat sich die Methode innerhalb von zwei Jahrzehnten beispiellos verbreitet, sowohl regional [...] wie auch von den Anwendungsfeldern (Jugendhilfe, Schule, Demenzkranke, Managementtraining, etc.)« (Schwing, 2009, S. 33).

Ihre Schwester Josje Aarts (2007) hat dazu ein Buch für die Schulen entwickelt. Es beschäftigt sich mit guter Kommunikation und Interaktion im Unterricht, analysiert die Entwicklung von Kindern und ihren Schulfähigkeiten – und ebenso die Entwicklung von Lehrkräften in ihren für Kinder förderlichen und unterstützenden Fähigkeiten. Im Verhalten von Kindern – ob nun störend oder kooperativ – wird abgelesen, wie weit das Kind bestimmte soziale Fähigkeiten schon entwickelt hat, auch störendes Verhalten wird als Entwicklungsbotschaft gelesen. Zahlreiche Kindergärten arbeiten schon mit Marte Meo, viele Erzieherinnen haben sich dazu ausbilden lassen. Was bedeutet das nun für die Arbeit mit Eltern?

## 12.2.1 Elterngespräche mit Marte Meo

Eltern, deren Kinder noch nicht viele soziale Fähigkeiten entwickelt haben, kennen Elterngespräche in aller Regel als eine unangenehme Angelegenheit. Es ist nicht einfach als Eltern, sich anzuhören, was das Kind angestellt hat und was es alles noch nicht kann. Gefühle von Hilflosigkeit und Überforderung, von Scham oder Schuldgefühlen können entstehen. Dann wird es schwierig, gemeinsam darüber nachzudenken, was das Kind braucht und wie es am besten gemeinsam unterstützt werden kann. Wenn Pädagogen mit dem Kind an ihre Grenzen geraten und wollen, dass die Eltern nun für das Kind aktiv werden, geschieht das oft nicht in einer einladenden Art und Weise. Genau das aber kann Marte Meo anbieten. Dazu wird eine in Marte Meo ausgebildete Kollegin oder externe Kraft gebraucht. Diese filmt das Kind in der Einrichtung in einer Spiel- oder Unterrichtssituation, mit dem vorherigen Einverständnis der Eltern. Aus diesem Filmmaterial werden positive Momente in kleinen Clips zusammengefasst. An diesen Clips wird mit den pädagogischen Kräften herausgearbeitet, welche Entwicklungsmomente schon zu erkennen sind und an welchen Chancen weitergearbeitet werden kann. Nach einer mehrwöchigen oder -monatigen Arbeit in diese Form kann den Eltern die positive Entwicklung und die Unterstützung durch die Pädagogin gezeigt werden – ganz konkret anhand der Clips und in den Bildern.

## 12.2.2 Der positive Kontakt – Anschluss machen

Am Anfang steht, ganz passend auch zum systemischen Ansatz, das »Anschluss machen« an die Eltern zu Beginn der Sitzung. Gemeint ist damit ein entspannter Einstieg, bei dem die Eltern sich wohlfühlen können und den Eindruck gewinnen, die Erzieherin oder Lehrerin mag uns als Eltern. Dann können sich auch Vater und Mutter etwas entspannen und sich eventuell besser für die neue Information zur Entwicklung des Kindes öffnen. Nach Schwing (2009) ist das auch neurobiologisch zu begründen: »[...] durch Dopaminausschüttung [wird] eine emotional positive, neugierige Erwartungshaltung gefördert« (S. 34). Dafür ist es nach M. Aarts (2009) wichtig, dass man in die Welt der Eltern geht, sich emotional zuwendet und ganz räumlich gemeint auf Augenhöhe begibt. Maria Aarts nennt das »coffee, cookies and the dog« (2009, S. 296), also Small Talk über Alltägliches.

## 12.2.3 Bilder sprechen lassen

Maria Aarts (2014, DVD zum Buch) spricht in ihren Vorträgen davon, dass ein positives Bild, das man sich für 15 Sekunden oder länger anschaut, neue neuronale Verknüpfungen im Gehirn entstehen lassen kann. Daher wird für Marte Meo die Kraft der positiven Bilder genutzt. Das Kind wird gezeigt in einer kleinen, sehr kurzen positiven Interaktion. Aus dem entstandenen Filmmaterial werden die besten Momente herausgesucht, der Clip soll punktgenau zum Thema passen. Der gezeigte Moment im Clip zeigt einen guten Moment, in dem das Kind die gewünschte Fähigkeit oder erste Ansätze dazu schon zeigt. Erfahrungsgemäß sind die Eltern beeindruckt und berührt davon, ihr Kind zu sehen, das sich um Kooperation oder ein anderes gewünschtes Verhalten bemüht. Gleichzeitig treten auch die positiven Bemühungen der Lehrkraft hervor. Die Eltern-Frage: »Wie machen Sie das?« ist der Einstieg, auch Eltern anzuleiten. Sie können das unterstützende Verhalten des Pädagogen Stück für Stück übernehmen und am positiven Modell lernen. So kann das Kind gleichzeitig zu Hause in seiner Entwicklung weiterhin unterstützt werden, was die Wirksamkeit erhöht. Besonders günstig ist dabei, wenn die Eltern selbst das Bedürfnis nach Veränderung haben und nicht von der Einrichtung aufgefordert werden, ihr Verhalten dem Kind gegenüber zu verändern.

## 12.3 Die Entwicklung fördern

### 12.3.1 Entwicklungsschritte von Kindern

In jahrelanger Forschungsarbeit mit Videos hat M. Aarts (2009, 2014) an der Entwicklung von Kindern die einzelnen Entwicklungsschritte herausgefiltert und in Checklisten zusammengefasst. Schwing schlägt die Brücke zur Neurobiologie: »[...] aus der Beobachtung von Alltagsinteraktion in Familien entwickelt (›learning by nature‹), entsprechen diese Checklisten doch stark dem aktuellen Wissen aus der Bindungs- und Interaktionsforschung und wirken wie eine passgenaue Übersetzung neurobiologischer Erkenntnisse in konkrete Praxis« (in Hanswille, 2009, S. 109).

Bei J. Aarts (2007) findet man die Checklisten für Kinder mit der Auflistung der Fähigkeiten, die gebündelt als Schulfähigkeiten benannt werden (S. 110 ff.). Dabei sind einzelne Entwicklungsschritte aufgezählt, die aufeinander aufbauen. Die großen Überschriften in der Entwicklung lauten:

1. Kooperation lernen, damit das Kind mit anderen Kindern ein Projekt durchführen kann.
2. Einer Leitung folgen, um in angeleiteten Unterrichtssituationen mitarbeiten zu können.
3. Selbstständig arbeiten, um eine Aufgabe im Unterricht erfolgreich zu beginnen und abzuschließen.

Dabei lernen und üben Kinder diese Fähigkeiten von Geburt an, wie M. und J. Aarts eindrucksvoll mit zahlreichen Clips belegen. Die einzelne Fähigkeit, die ein Kind als nächstes erlernen sollte, wird mit den Checklisten für kooperatives Verhalten oder soziale Fähigkeiten ermittelt. In diesen Checklisten werden die grundlegenden Fähigkeiten in zahlreiche kleinere Entwicklungsschritte unterteilt. Eine grundsätzliche Annahme in der Marte Meo-Methode ist demnach: Wenn das Kind ein störendes Verhalten zeigt, hat es die dazugehörende Fähigkeit noch nicht entwickelt – und die gilt es zu fördern. Das tun Eltern gerne, wenn sie wissen, wie es geht. Insbesondere wenn das Kind beeinträchtigt ist, haben sie häufig eine genaue Vorstellung davon, welche Diagnose ihr Kind hat, aber wenig konkrete Anleitung zur Förderung.

### 12.3.2 Die Entwicklungsförderung durch pädagogische Kräfte

In Review-Situationen erfahren Pädagoginnen nach dem Filmen, was das Kind schon gut kann und in welchen Momenten sie selbst gut unterstützen. Das Review ist also eine Besprechung anhand der Clips. Schwing (2009) belegt an mehreren Beispielen, warum man so gut von eigenen kleinen Erfolgen lernt. Demnach ist es sehr wirkungsvoll, sich selbst in einer gelungenen Interaktion zu sehen und es regt an, diese Erfahrung zu wiederholen: »[...] der Aktivierungsgrad in neuronalen Netzwerken (scheint) dann besonders stark zu sein, wenn wir Videos mit Aktivitäten anschauen, die uns wichtig und vertraut sind. Genau das geschieht bei Marte Meo, wenn die Klienten sich selber bei erfolgreichen Handlungen zuschauen« (ebd., S. 35). Dabei gilt sowohl für das Kind wie auch für die lernende pädagogische Kraft, dass kleine Entwicklungsschritte angestrebt werden. Schließlich lernt man dann am leichtesten, wenn schon erste Ansätze dieser Fähigkeit vorhanden sind. So »entstehen [...] Inseln von Kompetenz und Selbstwirksamkeit« (ebd., S. 34). M. Aarts (2011) nennt sie »Happ-happ-Momente« (von niederländisch: löffeln), also Momente zum Genießen der eigenen Kompetenzen.

### 12.3.3 Elterneinladung mit Marte Meo nach dem eigenen Entwicklungsprozess

In Schule und anderen Einrichtungen wird die Unterstützung für das Kind durch die Förderung in der Einrichtung erläutert, also im letzten Schritt. Nach den Reviews der Lehrkraft, nach einigen Sitzungen und einem Prozess, der sich gut anhand der Bilder und Clips darstellen lässt, kann dieser Prozess den Eltern die Entwicklungschancen ihres Kindes zeigen und Ihnen Mut machen. Dabei können Eltern ganz deutlich am Modell der Lehrerin oder des Erziehers lernen, wie es gelingt, das Kind so zu unterstützen, dass es beispielsweise gut kooperiert. Zu Marte Meo gehört eine klare Sprache und einfache Instruktionen, wie Eltern ihr Kind in Alltagssituationen unterstützen können, die gewünschte Fähigkeit zu entwickeln. Dabei passt sich das Programm der Familie an. Wenn Eltern einen erfolgreichen Moment ihres Kindes sehen, erfüllt sie das mit Freude. Das ist eine gute Basis, um eine Bereitschaft zur Kooperation zu wecken!

Thomas ist ein Kind mit frühkindlichem Autismus. Er kann mittlerweile gut mit anderen Kindern in Kontakt treten. Ist er aber aufgeregt, auch wenn er sich beispielsweise freut, hat er stereotype Bewegungsmuster entwickelt. Nach der Marte Meo-Checkliste kann er (Blick-)kontakt aufnehmen, aber noch keine Gefühle benennen. Das bedeutet, die Gefühle bleiben als Anspannung in seinem Körper und können noch nicht durch das Benennen reguliert werden.

### Clip 1

Im Clip sieht man Thomas, wie er mit einem anderen Kind gemeinsam baut. Als er beginnt, zu schaukeln und mit den Händen zu wedeln, hilft ihm die Lehrerin mit den Worten: »Du freust Dich!« Er hört auf zu schaukeln und sagt laut: »Ja!« Die Lehrerin wiederholt etwas leiser: »Ja!« Thomas schaukelt nicht mehr und baut für ein paar Minuten weiter. Die Lehrerin hat mit ihren Worten geholfen, dass er seine Aufregung regulieren konnte. Gleichzeitig hilft das Benennen dem anderen Kind, zu erkennen, was in Thomas vorgeht. Damit wird er besser verständlich und der Kontakt gelingt besser.

Die Eltern werden eingeladen, um besonders gelungene Clips gemeinsam anzuschauen. Für Thomas steht der Übergang in die fünfte Klasse an. Die Eltern erklären sich bereit, auch die Lehrkräfte seiner neuen Klasse einzuladen, damit sie Thomas und die bisherige Arbeit mit ihnen schon ein bisschen kennenlernen können.

Als die Eltern den Clip vom Bauen sehen, fallen ihnen spontan ähnliche Situationen von zu Hause ein. Sie freuen sich, zu sehen, wie Thomas mit einem anderen Kind bauen kann und welche sozialen Fähigkeiten er entwickelt hat. Das wäre ein Jahr zuvor noch nicht gut gegangen! Sie wollen Thomas gerne unterstützen, indem sie ihm auch zuhause helfen, seine Gefühle zu benennen.

### Clip 2

Im zweiten Clip soll Thomas das Bauen beenden und die Hausaufgaben notieren.

Die Lehrerin kommt auf den Bauteppich und kniet sich dazu.

L: »Was baut ihr denn?«

T: (lacht) »Einen Turm!«

L: »Oja, das macht Spaß! Toll macht ihr das!«

T: »Ja!«

Die Lehrerin folgt den Aktivitäten der Kinder mit den Augen, sie macht ein freundliches Gesicht. Sie beobachtet und schweigt einige Zeit.

L: »Weißt Du was, Thomas, jetzt müssen wir noch mal die Hausaufgaben aufschreiben.«

T: »Nein!« (baut weiter)

L: (freundlich, schaut ihn an) »Ich mach dir einen Vorschlag: Du baust später noch mal weiter. Wir schreiben jetzt die Hausaufgaben auf und dann darfst du dir einen Stempel dazu stempeln.«

T: (blickt auf)

L: »Komm mal mit! Wir schreiben jetzt mal gemeinsam die Hausaufgaben auf.« (reicht ihm die Hand)

T: (steht auf, ergreift die Hand) »Aber später können wir noch mal mit KAPLA bauen!«

L: »Ja, wir schauen mal, wann das noch mal passt. Dann kannst du noch mal bauen.«

Beide gehen zu seinem Tisch, er geht zum Ranzen.

L: »Jetzt brauchst du dein Hausaufgabenheft.«

T: »Ach nee.«

In diesem Clip sieht man sehr anschaulich, wie die Lehrerin zuerst in die Welt des Kindes geht und Anschluss macht, bevor sie die Aufgabe nennt. Thomas zeigt zuerst Widerstand, die Lehrerin bleibt freundlich und macht ein nettes Gesicht. Auch ihr Tonfall ist weiter freundlich und sie wiederholt die Aufgabe. Thomas kann in diesem Fall kooperieren und seine Tätigkeit unterbrechen. Er kann also eine eigene Initiative unterbrechen und mit der Enttäuschung umgehen, dass er gerade nicht weiterspielen kann.

Die Lehrerin übt weiterhin im Kontakt mit ihm, seine Selbstständigkeit zu fördern und kleine gute Initiativen zu sehen und zu bestätigen. Damit wird sie immer weniger kompensieren, was er nicht kann, und mehr Raum geben für seine guten Ideen und selbstständige Initiativen (Heft rausholen), also für all das, was er schon von allein kann. Diesen Punkt hat sie selbst bemerkt in der Arbeit mit den Clips.

Auch diesen Clip genießen die Eltern und erfreuen sich am kleinen Scherz von Thomas am Ende. Und auch hier fallen den Eltern spontan Situationen ein, in denen sie die Selbstständigkeit von Thomas in kleinen Alltagssituationen (wie Anziehen und Teller beim Essen selbst auffüllen) unterstützen können. Es leuchtet ihnen sehr ein, zuerst die Initiativen von Thomas abzuwarten und zu bestätigen, auch wenn das manchmal länger dauert.

Die zukünftigen Lehrkräfte schauen schweigend zu. Im Anschluss sind sie beeindruckt, was Thomas alles kann und wie intensiv die Grundschule mit ihm gearbeitet hat. Es entsteht ein guter Austausch zwischen den Eltern und den neuen Lehrkräften. Im besten Fall kann dort in der neuen Schule eine ebenso vertrauensvolle Zusammenarbeit entstehen.

### 12.3.4 Zusammenfassung

Insbesondere für Eltern, die sonst oft Klagen über das Verhalten ihres Kindes hören, schafft Marte Meo damit einen völlig neuen Zugang! Sie werden in die Einrichtung und zur Kooperation eingeladen, das dreht die herkömmliche Situation bei schwierigem Verhalten von Kindern um. Nicht nur Eltern, sondern auch Erzieherinnen können die Checklisten nutzen und in den Clips erkennen, wo das Kind ihre Unterstützung braucht. Eine Videoaufnahme ist dazu unabdingbar. Dann kann eine Therapeutin oder Supervisorin genau anhand der Bilder vermitteln, was das Kind kann. Das gerät leicht aus dem Blick, wenn man sich im Kita-Alltag oder Unterricht gestört fühlt. Sie setzt einen Dialog in Gang, bei dem die positiven Äußerungen der Eltern oder der Pädagoge bestärkt werden. Und gleichzeitig bietet die neutrale Vermittlung eine Art Reframing (→ Kapitel 6.3) des störenden Verhaltens: Eine Übersetzung in eine Entwicklungsbotschaft. Auch Pädagogen geraten schließlich durch dieses Verhalten öfters an Grenzen und sind dann dankbar für eine Schritt-für-Schritt-Anleitung, was hier helfen könnte.

## 12.4 Marte Meo kennenlernen

Wer sich genauer informieren möchte, kann das bei einer Marte Meo-Trainerin oder einem Marte Meo-Supervisor tun. Es gibt auch einige Beratungsstellen, allerdings sind die dortigen Angebote bisher häufig auf Kitas und weniger auf Schulen zugeschnitten. Folgende Schritte sind erfahrungsgemäß geeignet, um sich über die Methode zu informieren oder sie zu implementieren:

1. Sie können einen Vortrag für Ihre Einrichtung, Ihren Träger oder Ihren Schulverbund buchen. Sie erhalten anhand zahlreicher Clips einen ersten Eindruck von der Methode und ihrem Nutzen.
2. Sie können einen Fachtag buchen. Hier sind verschiedene thematische Schwerpunkte und Fragestellungen möglich, die Ihre Einrichtung besonders in den Blick nimmt.
3. Sie als pädagogische Kraft können für sich eine Beratung buchen. Dazu werden Sie nach einem Wunsch, einer Frage oder einer Klage befragt, die sie in die Beratung einbringen möchten. Unter diesem Blickwinkel werden die Clips Ihrer Arbeit dann betrachtet. Der Beratungsprozess umfasst in der Regel mehrere Sitzungen (Reviews).
4. Schließlich ist es möglich, selbst eine Ausbildung zu buchen. Dabei ist die Schrittfolge vom Practicioner, also Praktiker, zum Therapeuten oder Kollegentrainer bis hin zur Supervisorin möglich. Manche Einrichtungen übernehmen einen Teil oder die gesamten Ausbildungskosten.
5. Die umfangreichste Form der Implementierung ist, wenn eine Einrichtung selbst pädagogische Kräfte zu Kollegentrainern ausbilden lässt und damit intern eine Möglichkeit schafft, mit dieser Methode zu arbeiten und zu wachsen. Die Kollegentrainer haben nach Abschluss wiederum die Qualifikation, andere Kolleginnen zu Praktikern *(practicionern)* auszubilden.

So kann sich eine Institution qualifizieren, wenn gewünscht wird, dass Marte Meo als Bestandteil der täglichen Arbeit und als Möglichkeit zur Intervision, also zur internen Beratung, programmatisch verankert werden soll. Zusätzlich ist meine Erfahrung, dass die Arbeit mit Marte Meo pädagogische Kräfte stärkt. Da sie sich erfolgreich

sehen und ihre Bemühungen immer wieder vor Augen haben, können sie positive Entwicklungen genießen. Das gibt ihnen Kraft für
den Alltag.

# 13 Die Einrichtung als Teil der Lösung

In den letzten Jahren ist der Widerstand einiger Eltern gestiegen, während andere nach Wegen der Mitgestaltung suchen. Beides kann für die Institution eine Herausforderung sein, die lautet: Wie gehen wir miteinander um? Wie kooperieren wir? Was bedeutet Augenhöhe im schulischen bzw. Bildungskontext? Neuere Publikationen wie »Bildungs- und Erziehungspartnerschaften in Schulen« (Bartscher, 2021) und »Kooperation zwischen Eltern und Schule« (Killus u. Paseka, 2020) öffnen den Blick und beleuchten die Perspektive der Kooperation. Dass dies den Kindern und Jugendlichen zugute kommt, zeigen die hier aufgezeigten Modellversuche von Haim Omer oder auch das Modell der Familienkassen nach der Multifamilientherapie. Wenn Schule und Eltern sich einig sind, profitieren sie am meisten. Aber auch aus Sicht der Lehrkraft kann es als sehr unterstützend erlebt werden, wenn es schulische Bemühungen um ein einheitliches Konzept in der Elternarbeit gibt. Wenn Sie sagen können, das machen wir hier so, das haben wir gemeinsam mit Eltern entwickelt, das sind unsere Regeln, so stärkt Sie dies in den Momenten, in denen Eltern mit gänzlich anderen Vorstellungen Sie fordern. Daher finden Sie im Anhang einige Impulse und Übungen, wie Sie als Kollegium oder als Schulgemeinde gemeinsam ins Gespräch zu guter Kooperation mit Eltern kommen und Vereinbarungen für die Elternarbeit finden. Idealerweise sind die Elternpflegschaften und -beiräte in diese Entwicklungsarbeit eingebunden.

# Teil D Übungen

**Teil D** Hier finden Sie Übungen, die Sie als Kollegium in der Schulentwicklung, aber auch für die Arbeit in Rollenspielen oder einer Peer-Group als Lerngemeinschaft ausprobieren können.

Es ist eine große Unterstützung als einzelne pädagogische Kraft, wenn die Einrichtung sich gemeinsam eine Ausrichtung erarbeitet, wie das konstruktive Zusammenwirken von Schule und Eltern im Sinne einer Erziehungspartnerschaft unterstützt und erzielt werden kann.

# Übung »Kooperation mit Eltern im System«

Folgende Fragen (exemplarisch angelehnt an den Hessischen Referenzrahmen Schulqualität, Kapitel 2.2) können Sie als Impulse für die Schulentwicklung nutzen:

- Werden Eltern systematisch und regelmäßig über das Schulgeschehen informiert (zum Beispiel durch Elternbriefe, Aushänge, Internetauftritt, Informationsbroschüren)?
- Werden Eltern eingeladen, sich an schulischen Veranstaltungen zu beteiligen und einzubringen (zum Beispiel bei Events wie Schulfesten, Ausflügen, Projektwochen)?
- Haben Eltern Möglichkeiten, Rückmeldungen bezüglich schulinterner Regelungen zu geben (wie etwa durch einen Kummerkasten oder eine E-Mail-Adresse für Lob und Beschwerden)?
- Können Eltern Ideen, Kompetenzen und Kenntnisse einbringen (zum Beispiel in Projekten, Arbeitsgemeinschaften, Ganztagsangeboten, im Unterricht)?
- Werden die Möglichkeiten zur Mitarbeit von Eltern in schulischen Gremien transparent dargelegt?
- Können Eltern in den Gremien bei schulischen Gestaltungs- und Entscheidungsprozessen mitwirken und mitbestimmen (beispielsweise Schulregeln, Umgang mit störendem Verhalten)?
- Sind Eltern sowie Sorgeberechtigte laufend in Qualitätsverfahren und in die Schulentwicklung einbezogen?
- Wird die Kooperation mit Eltern gemeinsam als Kollegium reflektiert (z. B. zu Onlineberatung, Absprachen zum Umgang mit Messengern, Umgang mit Feedback)?
- Gibt es für Elterngespräche Absprachen, Vorlagen, Kooperationen, übliche Vorgehensweisen (wie Tandemgespräche, Einbezug Ganztag)?

- Wie stellt sich die Schule aus Sicht von Eltern dar (Örtlichkeit, Zugänglichkeit der Ansprechpersonen, des Sekretariats, Übersichtlichkeit des Internetauftritts)?

Viele Gespräche werden in einem Kontext geführt, in dem Zeit Mangelware ist. Gespräche sollen daher besonders effizient sein. Das führt teilweise zu dem Irrtum, dass die Gespräche dann besonders schnell zum Ziel kommen, wenn wir schnell starten und den üblichen Smalltalk weglassen. Smalltalk kann aber eine wichtige Funktion erfüllen: Man kann erstmal ankommen, sich etwas kennenlernen und mehr über die Stimmungslage des Gegenübers erfahren. Das Joining bezeichnet die Gesprächsphase, in der wir uns aufeinander »einschwingen« können, geht also über den Smalltalk hinaus. Die Chance für ein gelingendes Gespräch liegt darin, die »emotionale Raumtemperatur« hierbei etwas anzuwärmen und Interesse und Offenheit für das gemeinsame Gespräch zu signalisieren. Es hilft, wenn Sie das Joining üben und es anfangs bewusst auf drei bis fünf Minuten ausdehnen. Gemeint ist die Zeitspanne, bevor Sie das eigentliche Gesprächsthema benennen und den Gesprächsrahmen festlegen. Folgende Punkte können Sie nutzen:

– Sprechen über Alltägliches,
– über den Weg und Zeitpunkt,
– über das nächste Event,
– über die Familie,
– über sich, seit wann Sie in der Einrichtung arbeiten,
– sowie Aussagen der Eltern aufgreifen und ihrem Gesprächsfaden folgen.

Folgende Fragen können Sie als Beispiele ausprobieren und auf Reaktionen achten:

– Haben Sie gut hergefunden?
– Haben Sie einen Parkplatz gefunden?
– Haben Sie das Fußballspiel gestern geschaut?

–   Wie geht es Ihrer Familie?
–   Wir haben ja nächste Woche das Schulfest…
–   Haben Sie sich für unser Gespräch heute freigenommen?

Besonders deutlich wird der Übungsbedarf, wenn Sie die Fragen in einem kurzen Rollenspiel in einer Triade ausprobieren: ein Elternteil – eine pädagogische Kraft, die Joining ausprobiert – eine beobachtende Person.

Hier berichten viele, dass ihnen erst jetzt auffiel, wie schnell sie üblicherweise in das Gespräch springen. Das ist insbesondere in anderen kulturellen Kontexten sehr unterschiedlich üblich und kann als desinteressiert oder unhöflich missverstanden werden.

# 16 Übung »Rollen im Gespräch«

Je nach Gesprächsanlass werden Sie unterschiedliche Rollen im Gespräch einnehmen, manchmal sind es auch mehrere während eines Gespräches.

Planen Sie das nächste Gespräch und markieren Sie, wann Sie moderieren, als beratende Person oder als pädagogische Kraft mit Fachexpertise sprechen.

Je nachdem, ob Sie eine Diskussion erwarten, einen Konflikt bearbeiten, eine Mitteilung machen müssen oder Ihre fachliche Einschätzung darlegen, werden Sie im Gespräch unterschiedliche »Hüte aufhaben«.

Als beratende und moderierende Person haben Sie eher diese Anteile des Gesprächs im Blick:

Der Berater
- hört zu,
- spiegelt,
- ist ergebnisoffen,
- achtet auf gute Moderation (unterscheidet persönliche Anliegen),
- weiß, dass alle Perspektiven wichtig sind,
- fasst zusammen und sorgt für Ergebnisse.

Als Expertin übernehmen Sie diese Teile des Gespräches:

Die Expertin
- bringt neue sachbezogene Informationen ein,
- vertritt die Institution und deren Verfahren und Regeln,
- weiß, dass es unterschiedliche Einschätzungen gibt,
- und hat Erfahrung und Prozesswissen.

Sie können dieses Wissen für eine Reflexion nutzen:
- Welche Rolle nehme ich häufig ein?
- Wir wirkt das im Gespräch?
- Wann brauche ich die andere Rolle?
- Welchen Status nehme ich ein?

Auch hierfür eignen sich Rollenspiele in den Triaden besonders: ein Elternteil – eine pädagogische Kraft, die unterschiedliche Rollen und den dazugehörigen Status ausprobiert – eine beobachtende Person.

< no>
# 17 Übung »Problem-Ursache-Schema«

Visualisierungen klären Themen, strukturieren Gespräche und lenken den Fokus auf das Thema. Sie sind daher in besonderer Weise bei strittigen Themen geeignet, Standpunkte zu verdeutlichen und an Lösungen zu arbeiten. Hier das Beispiel des *Problem-Ursache-Schemas* und wie Sie es üben können.

Verwenden Sie eine Stellwand und Karten oder ein großes Flipchart-Papier im Querformat. Bereiten Sie sich gemeinsam mit einer Kollegin oder einem Kollegen auf das Gespräch vor, indem Sie das Schema dafür verwenden. So lernen Sie gleichzeitig, es im Gespräch einzusetzen.

*Schritt 1: Probleme*

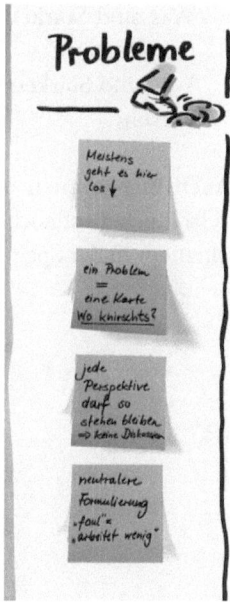

Meist starten Sie, indem Sie alle Herausforderungen notieren, alle Nennungen sind erlaubt und werden mitgeschrieben. Dabei werden sie manchmal etwas neutraler formuliert. Aus faul wird »kann derzeit nicht gut mitarbeiten« oder welche Formulierung Sie für passend erachten.

Wenn Sie das Problem-Ursache-Schema in sehr konflikthaften Situationen einsetzen, beginnen Sie am besten mit der Spalte der Stärken und Ressourcen.

Fragen sind: Was läuft schief? Wo brennt es? In welchen Situationen hakt es?

*Schritt 2: Hypothesen zu den Ursachen*
Wenn die Herausforderungen notiert werden, entstehen oft schon erste Ideen, woran
das liegen könnte. Gehen Sie über diese
Frage nicht zu schnell hinweg. Sie können
zu jeder Zeile der linken Spalte fragen:
Woran könnte es liegen, dass…? Woran
noch?

Bitte beachten Sie, dass es sich hier um
Annahmen, also Hypothesen handelt.

Diese Spalte ist wichtig, denn sie liefert
auch Hinweise zu Lösungsideen und kann
bewirken, dass eine Problemtrance verhindert wird.

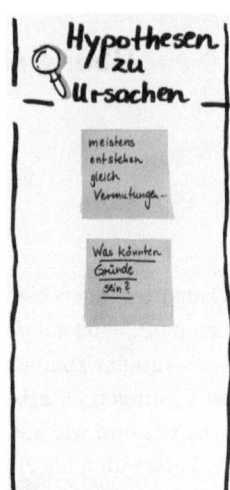

*Schritt 3: Stärken/Ressoucen*
- Was läuft/lief gut?
- Wann lief es gut?
- Was sind Stärken und Ressourcen in
  der Situation?
- Was sind Stärken und Ressourcen der
  Person?

Auch hier können unterschiedliche Einschätzungen auftauchen, die einfach nebeneinander in der Spalte stehen.

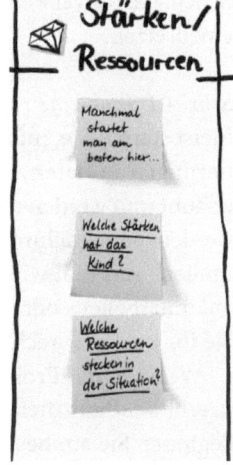

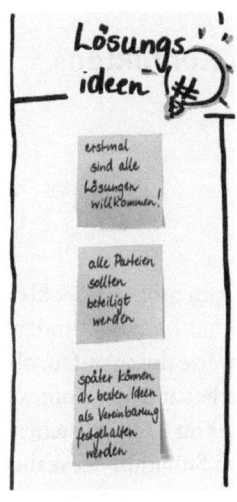

*Schritt 4: Lösungsideen*

Alle Lösungsvorschläge werden aufgegriffen. Hinterher können Sie priorisiert und geordnet werden.

– Was hilft?
– Was noch?
– Was kann wer unterstützend tun?
– Wie können alle mithelfen?

Sie können am Ende die Ideen hervorheben, die Sie umsetzen wollen.

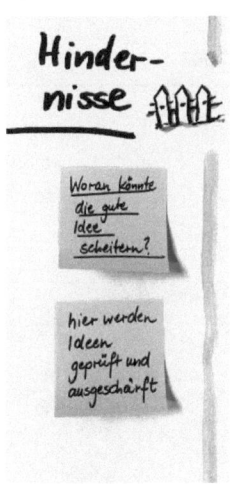

*Schritt 5: Hindernisse*

Hier werden die Ideen nochmal geprüft und ausgeschärft.

– Woran könnte diese gute Idee scheitern?
– Was können wir noch tun?

Manchmal bleibt für diese Spalte kaum noch Zeit, dann darf man sie auslassen.

# 18 Übung »Einschätzung von Konflikten«

Konflikte verlaufen immer ähnlich, gleich ob sie in großen oder kleinen Systemen auftreten. Prof. Friedrich Glasl hat herausgefunden, welche Stadien sie in der Eskalation typischerweise durchlaufen, ob wir uns nun innerhalb der Familie streiten, im beruflichen Kontext oder ob große Systeme wie Parteien oder Völker im Konflikt stehen. Er hat auch formuliert, wie Sie in einer solchen Situation deeskalieren können. Aber zunächst hier die Möglichkeit, die Eskalationsstufe eines Konfliktes einzuschätzen:

Konfliktstufen nach Glasl aus Vigenschow/Schneider 2007

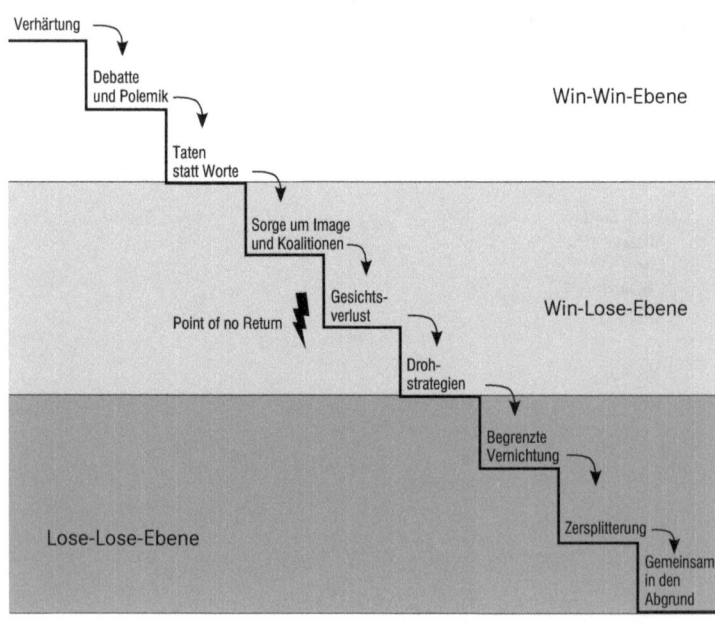

Verhärtung

Debatte und Polemik

Taten statt Worte

Win-Win-Ebene

Sorge um Image und Koalitionen

Point of no Return

Gesichtsverlust

Drohstrategien

Win-Lose-Ebene

Begrenzte Vernichtung

Zersplitterung

Lose-Lose-Ebene

Gemeinsam in den Abgrund

1. Erkennen Sie Ihre eigene Gefühlslage:
   Sind Sie bereit, zu deeskalieren?
   Wer gewinnt, wenn Sie deeskalieren?

Folgende Optionen können Sie durchspielen:

2. Ordnen Sie den Konflikt auf der Skala ein.
3. Agieren Sie bewusst auf einer niedrigeren Konfliktstufe (z. B: Suchen Sie das Gespräch, auch wenn schon agiert wurde).
4. Senden Sie Botschaften der Akzeptanz (Welchen Teil der Elternsicht können Sie verstehen, teilweise nachempfinden oder akzeptieren?).
5. Verabschieden Sie sich von einer Klärung und
6. wenden Sie sich einer Verhaltensänderung zu (Wer tut jetzt was?).
7. Betreiben Sie weniger Ursachenforschung, mehr Handlungsdiagnose (weniger: Was ging schief; mehr: Was hilft jetzt? Was machen wir beim nächsten Mal?).
8. Stellen Sie das Kind und das gemeinsame Anliegen in den Fokus.

Sind Sie nicht mehr bereit oder in der Lage, zu deeskalieren, weil Sie beispielsweise stark angegriffen wurden?

Haben Sie den ↯ Point of No Return schon überschritten?

Wen brauchen Sie jetzt? Wer kann moderieren, schlichten oder eingreifen?

Was würde den Konflikt weiter anheizen?

Was würde dann im Gegenteil dabei helfen, ihn abzukühlen?

Auch hier helfen Ihnen Rollenspiele, verschiedene Optionen einmal ohne Risiko auszuprobieren.

# Zusammenfassung und Dank

Pädagoginnen arbeiten nicht therapeutisch, sondern haben einen pädagogischen Auftrag. Damit ergibt sich gleichzeitig eine hohe Schnittmenge mit beraterischen Aufgaben. Der systemische Ansatz ist nach meiner Erfahrung daher sehr gewinnbringend für zahlreiche Situationen, entweder als Handwerkszeug, in der Methode, oder in einer grundlegenden Haltung zum Gegenüber und zu Entwicklungsprozessen. Marte Meo kennenzulernen war daher für mich ein besonderer Glücksfall und die notwendige Weiterentwicklung: Von der Grundhaltung her findet sich der systemische Ansatz wieder, vom Inhalt gibt es eine klare Handlungsanleitung für die förderliche Arbeit mit Kindern und die Kooperation mit Eltern. An diesen Erfahrungen und Erkenntnissen möchte ich Sie als geneigte Leser und Leserin teilhaben lassen. Ich danke allen, die mich unterstützt und ermutigt haben, insbesondere meinen beiden Mentoren Rainer Schwing und Hans Werner Eggemann-Dann.

# Literatur

Aarts, J. (2007): Marte Meo-Methode für Schulen. Entwicklungsfördernde Kommunikationsstile von Lehrern. Förderung der Schulfähigkeit von Kindern. Eindhoven.

Aarts, M. (2009): Marte Meo. Ein Handbuch. Eindhoven.

Aarts, M.; Niklaus, T. (2011): Marte Meo: Früherfassung und Frühförderung in der Mütter-/Väterberatung. Verfügbar unter: https://www.martemeo.com/~uploads/magazine/files/v6-Aarts&Niklaus1.pdf (Zugriff am 16.09.2018).

Aarts, M. (2012): Marte Meo Programm für Autismus. Sechs Informationssitzungen wie man die soziale und emotionale Entwicklung unterstützt. Eindhoven.

Aarts, M. (2014): Marte Meo. Eine Einladung zur Entwicklung. Eindhoven.

Ahl, K.; Friedrichs, B.; Klaffke, T.; Poitzmann, N.; Zergiebel, M. (Hg.) (2018): Klasse leiten, 1/2018.

Ahl, K.; Friedrichs, B.; Klaffke, T.; Poitzmann, N.; Zergiebel, M. (Hg.) (2022): Klasse leiten, 1/2022.

Aich, G.; Behr, M. (2015): Gesprächsführung mit Eltern. Weinheim.

Anderegg, N.; Bietz, C.; Bonsen, M.; Klinger, U.; Priebe, B.; Textor, A. (Hg.) (2020): Lernende Schule, 92/2020.

Bachmair, S.; Faber, J. (1989): Beraten will gelernt sein. Weinheim.

Bartscher, M. (2021): Bildungs- und Erziehungspartnerschaften in Schulen. Zusammenarbeit mit Eltern lebensweltorientiert planen und gestalten. Hannover.

Baumer, K. (2017): Elterngespräche mit Trennungs-, Scheidungs- und Patchworkfamilien. Heidelberg.

Becker, G. (2006): Lehrer lösen Konflikte. Handlungshilfen für den Schulalltag. Weinheim.

Bundeszentrale für politische Bildung (2014): Leichte und Einfache Sprache. Stand: 21. Februar 2014. Verfügbar unter: http://www.bpb.de/apuz/179341/leichte-und-einfache-sprache-versuch-einer-definition (Zugriff am 11.11.2018).

Dusolt, H. (2001): Elternarbeit. Ein Leitfaden für den Vor- und Grundschulbereich. Weinheim.

Ende, M. (1973): Momo. Stuttgart.

Engelhardt, E. (2018): Lehrbuch Onlineberatungen. Göttingen.

Foerster, H. von; Glasersfeld, E. von; Hejl, P.; Schmidt, S.; Watzlawick, P. (2012): Einführung in den Kosntruktivismus. München.

Fritze, B.; Berndt, S. (2007): Unveröffentlichte Seminarunterlagen zu Gespräche effizient moderieren. Frankfurt a. M.

Funcke, A; Rachow, A. (2016): Was ist eigentlich Ihre Lieblingsfrage? Die Fragen-Kollektion. Bonn.

Glasersfeld, E. v.; Watzlawick, P. u. a. (1992): Einführung in den Konstruktivismus. München.

Glasl, F. (1980): Konfliktmanagement. Diagnose und Behandlung von Konflikten in Organisationen. Bern.

Glasl, F. (2004): Selbsthilfe in Konflikten. Konzepte, Übungen, Praktische Methoden. Bern.

Grundschulverband (Hg.) (2018): Faktencheck Grundschule – Populäre Vorurteile und ihre Widerlegung, Beilage zu»Grundschule aktuell«, Heft 142, S. 1–26.

Hanswille, R. (2009): Systemische Hirngespinste. Göttingen.

Hennig, C.; Ehinger, W. (2009): Das Elterngespräch in der Schule. Von der Konfrontation zur Kooperation. Donauwörth.

Henning, F. (2011): Krieg im Gehirn – Wie uns der Stress beherrscht. Darmstadt.

Hessische Lehrkräfteakademie (2022): Hessischer Referenzrahmen Schulqualität. V.2.2 Die Eltern sowie Sorgeberechtigten sind in die Gestaltung der Schule aktiv eingebunden. https://hrs.bildung.hessen.de/online/kriterien/v-2-2/ (Zugriff am 07.12.2022).

Hessisches Kultusministerium (2020): Pädagogisch-psychologische Maßnahmen zum Umgang mit Schulvermeidung. Handreichung für Schulen. Wiesbaden. Verfügbar unter: https://kultusministerium.hessen.de/sites/kultusministerium.hessen. de/files/2021-08/paedagogisch-psychologische_massnahmen_zum_umgang_mit_ schulvermeidung.pdf (Zugriff am 07.12.2022).

Hubrig, C.; Herrmann, P. (2010): Lösungen in der Schule. Systemisches Denken in Unterricht, Beratung und Schulentwicklung. Heidelberg.

Katz, G. (2014): Die Problemlösebrücke. In: Schmidt, G; Dollinger, A.; Müller-Kalthoff, B.: Gut beraten in der Krise. Bonn.

Killus, D.; Paselka A. (2020): Kooperation zwischen Eltern und Schule. Eine kritische Einführung in Theorie und Praxis. Weinheim.

Knapp, R.; Neubauer, W. (2013): Dicke Luft im Lehrerzimmer. Konfliktmanagement für Schulleitungen. München.

Lindemann, C. (&2. J.): Kurzprofil. Verfügbar unter: https://christianlindemann.com/ (Zugriff am 11.09.2018).

Lindemann, H. (2017): Moderation, Meditation und Beratung in der Schule. Göttingen.

Lindner, U. (2015): Gute Elterngespräche in der Schule. Mühlheim.

Lindner, U. (2019): Schwierige Elterngespräche in der Kita. Mühlheim.

Omer, H. (2016): Unveröffentlichte Unterlagen zum Fachtag in Hanau am 6./7.3.2017.

Omer, H.; v. Schlippe, A. (2016): Stärke statt Macht. Neue Autorität in Familie, Schule und Gemeinde. Göttingen.

Mandac, I. (2013): Lehrer-Eltern-Konflikte systemisch lösen. Heidelberg.

Maturana, H. R.(1998). Biologie der Realität. Frankfurt a. M.

Miller, R. (2004): 99 Schritte zum professionellen Lehrer. Erfahrungen, Impulse, Empfehlungen. Seelze.

Miller, R. (2017): 99 Schritte zum professionellen Lehrer. Erfahrungen. Impulse. Empfehlungen (7. Aufl.). Seelze.

Müller-Kalthoff, B. (2014): Crisis, what Crisis? – Einstreugeschichten als Fokussierungshilfen in Krisenzeiten. In: Schmidt, G; Dollinger, A.; Müller-Kalthoff, B.: Gut beraten in der Krise. Bonn.

Münnich, S. (2020): Gute Elterngespräche führen. 44 Methodenkarten für Erzieherinnen. München.

Platon: Politeia, übersetzt von Schleiermacher. Verfügbar unter: http://gutenberg. spiegel.de/buch/politeia-4885/1 (Zugriff 18.09.2018).

Rosenberg, M. B. (2005): Gewaltfreie Kommunikation. Eine Sprache des Lebens. Paderborn.

Rosenberg, M. B. (2014): Konflikte lösen durch Gewaltfreie Kommunikation. Freiburg i. B.

Schlippe, A. von; Schweitzer, J. (2016): Lehrbuch der systemischen Therapie und Beratung I. Das Grundlagenwissen. Göttingen.

Schulz von Thun, F. et al. (2013): Miteinander reden: Kommunikationspsychologie für Führungskräfte. Reinbek bei Hamburg.

Schwing R. (2009): Spuren des Erfolgs: Was lernt die systemische Praxis von der Neurobiologie. In: Hanswille, R. (Hg.): Systemische Hirngespinste. Göttingen, S. 37–67.

Schwing, R. (2016): Unveröffentlichte Seminarunterlagen zum Seminar Systemische Beratung kompakt. Hanau.

Schwing, R.; Fryszer, A. (2013): Systemisches Handwerk. Werkzeug für die Praxis. Göttingen.

Schwing, R.; Fryszer, A. (2014): Systemische Beratung und Familientherapie. Kurz, bündig, alltagstauglich. Göttingen.

Vangrieken, K.; Raes, E.; Dochy, P.; Kyndt, E. (2015): Teacher collaboration. A stematic review. Verfügbar unter: https://www.researchgate.net/publication/275723807_Teacher_collaboration_A_systematic_review (Zugriff am 17.09.2018).

Vigenschow, U.; Schneider, B. (2007): Soft Skills für Softwareentwickler. Fragetechniken, Konfliktmanagement, Kommunikationstypen und -modelle. Heidelberg.

Vogt, J. (2014): Das Konzept »Manage in change«. In: Schmidt, G; Dollinger, A.; Müller-Kalthoff, B.: Gut beraten in der Krise. Bonn.

Watzlawick, P.; Beavin, J.; Jackson, D. (1969): Menschliche Kommunikation. Bern.

Wenz, C. (&2. J.): Die 11 besten Konfliktzitate von Marshall B. Rosenberg. Verfügbar unter: https://www.mediation-wenz.de/blog/2016/03/17/die-11-besten-konfliktzitate-von-marshall-b.-rosenberg/ (Zugriff am 16.09.2018).

**Zugang zum Downloadmaterial:**

Link: www.vandenhoeck-ruprecht-verlage.com/Elterngespraeche2Aufl

Code: **WVFT95Dy**